U0095878

50歲後，
隨心所欲的生活

捨棄、放手、不強求，

這一次，你要為自己而活！

枡野俊明 著　張佳雯 譯

目次

Chapter 1 唯有此時才能享受的樂趣

Chapter 2

該為自己活了

Chapter 3

該開始做喜歡的事了

Chapter 4

開始學會捨棄及放手

Chapter 5

來到最適合的位置

Chapter 6

學習面對後悔與不安

前言
來到人生中最自在的時刻

五十歲這個階段，可說是人生中最快樂、閃亮的時期。一路走來累積了很多經驗，不只有快樂，也有很多辛勞與痛苦，這些經驗一定會成為心靈的食糧。

家庭和工作的重擔稍稍減輕，自己想做什麼都可以去嘗試，還有充裕的時間可以去實現夢想，也可以再次挑戰以前未完成或是曾經想做的事。

終於可以自由自在享受人生，五十歲應該算是人生的「自在期」。

本書是寫給五十歲的人們。我自己也離五十歲不遠了，可以了解同一個世代的人，其內心的波瀾。不僅僅以僧侶的立場，還要以一同生活在這個時代的人的身分，希望能分享勇氣與喜悅給大家。

有個名詞叫「餘生」，是指人生中剩餘的時期。但是人生沒有所謂的剩餘，只要活著，就能發光發熱。努力活在當下，一切的積累都會讓人生更加豐富。

重要的是，在五十歲這個美好的時代，大步往前邁進吧！

合掌。

建功寺方丈　枡野俊明

Chapter

1

唯有此時 才能享受的樂趣

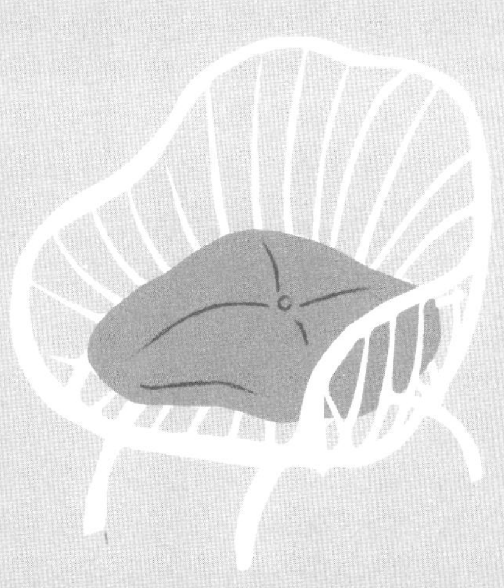

01

開始享受「繞路」的樂趣

走在人生這條路上，看起來像是單行道，實則不然。在前進的途中，路旁會出現幾扇門，推開門走進去又是截然不同的新世界，這就是人生的有趣之處。

到四十歲為止，我們大概都沒有注意到周遭有門的存在。眼前有該做的工作，為了家庭也必須要不斷向前走，完全沒有環顧四周的餘裕，也就是「目不斜視」的前進。但是到了五十歲，開始有一點可以享受繞路的餘裕了。

所謂周遭的門，並非是多了不得的東西，興趣之門也是其中之一。應該有以前想做，但一直沒有機會去嘗試的興趣吧！

想騎機車到遠方去旅行，卻抽不出時間；想到國外去釣魚，卻沒有閒錢。人生中有很多總想著有一天要去實行，但卻無疾而終的事情。我覺得這非常可惜。

不要一開始就放棄，請先推開門，即使是一小步也好，就踏進去看看吧！

有人會說「我沒有任何嗜好」。真的會有完全沒有嗜好或興趣的人嗎？沒有嗜好代表對任何事情都無感，但是，只要活著就不可能如此。「想吃美食」是一種興趣，「每天都要散步」也是很棒的興趣。把一些小事當成契機，試著走進未知的世界。

五十歲後，是可以享受繞路的時期。人生不是一條單行道，有時候也可以繞道而行。去推開那些以往不曾打開的門，看一看未知的世界，如果有趣就繼續往前走，覺得無聊折返就好。請抱持「享受」的心情，繞路而行吧！

若要享受繞路的樂趣，最重要的是「心態」，不要將事物只區分為善惡或正負。

四十多歲時，很容易將任何事情都看成好壞二擇一。工作不是成功就是失敗、在公司不是受重用就是被忽視、不是賺錢就是賠錢、對自己沒有好處就是壞處。

由於在不知不覺中就會陷入上述的思考模式，因此也會避開所有無利可圖的行為，若有繞路的想法，馬上就會被勸阻。即便覺得似乎很有趣，一旦知道沒有好處，就會放棄去開門。雖然這種想法也是無可奈何，**但是如果只執著於得失，人生路必定愈走愈窄。**

所謂的「有好處」到底是什麼？營業額提高、做出績效等，的確對公司有助益。只要還在公司上班，以此為目標無可厚非。但是面對自己的人生時，對公司有好處的事，不見得百分之百對自己也有益。你是不是一廂情願地以為兩者是一致的呢？

並不是一切都要以工作為主。上班時必須努力為公司創造利益，但你要知道，這並非是人生的全部。公司的評價不代表一切。工作上的得失和人生的得失不能混為一談，完全是兩回事。

過了五十歲，你要有專屬於自己的衡量標準。離開以往的單行道，稍微往旁邊的小路走過去。這不是逃避，也不是走捷徑，而是讓自己的人生更豐富。

五十歲後，更適合學習新事物

有位大叔五十多歲時去讀研究所，他從年輕時就很喜歡古典文學，夢想是讀研究所並成為學者。但是那時候沒辦法讀研究所，而且即便入學，古典文學這條路也難以養家活口，所以這位大叔就進了跟文學完全無關的食品製造商工作。

在五十歲之前，他都只是業務員。等孩子們長大成人後，工作也比較有餘裕，他決定去讀研究所在職專班。五十多歲的年紀即使研究所順利畢業，今後也很難成為學者，辭掉工作靠古典文學吃飯更不可能，而且還要花錢付學費，經濟上一點幫助都沒有。

但是那位大叔開始讀研究所之後，心靈卻感受到無比充實。他不擔心未來，也不在意得失或評價，在這種環境下學習古典文學，其樂趣是年輕時無法比擬的。

我想，這位大叔一定是找到另一個衡量的標準。從這個觀點來看，五十歲後，是學習新事物最適合的時期。

這樣做賺得到錢嗎？有沒有方法能讓考績更好？在沒有這些多餘的煩惱後，可以純粹的做自己想做的事。只要不會給家庭或社會帶來困擾，做什麼都自由自在，想打開哪扇門都無所謂。

以往拚命地走在單行道上，為了公司和家庭盡心盡力，心無旁騖。五十歲後，就好好犒賞自己吧！

「繞路」正是對人生的犒賞。請盡情享受吧！

02

只要下定決心，就不會太遲

僧侶有所謂的「法齡」，與一般人的年齡算法不同，這是用來計算成為僧侶之後的年齡。

當一個人下定決心想要學佛、想出家修行時，在佛教的世界中稱為「發心」。發心剃度後，「法齡」為零歲，例如五十歲發心剃度，六十歲時的法齡就是十歲。

法齡非常重要，僧侶在正式的文件上，一定會同時記載「年齡」

和「法齡」。

順道一提，我發心剃度時是十二歲。即使身為歷史悠久寺廟住持的兒子，在十歲之前也不能發心剃度，理由是避免雙親強迫孩子。孩童在幼年時期尚未有足夠的判斷能力，不能代為決定人生，所以才會規定在十歲懂事之後才能發心。

也就是說所謂的發心，不是靠外界強制，而是一定要遵從自己的意願。

而我真正以行腳僧（禪宗的修行僧）開始修行的時間點算是晚了，有人高中畢業就開始當行腳僧。不過，我有一位一起行腳修行的同伴，他是五十四歲的男性，法號是「鐵鑑」。

鐵鑑法師曾是大型電機製造商的技術主管，當時法定退休年齡是五十五歲。鐵鑑法師是在屆齡退休的前一年發心向佛，箇中原委並不清楚，但是似乎他年輕時就曾經想要出家。儘管如此，他仍然為了家人一直努力工作。

五十四歲時孩子們長大獨立，也小有積蓄。雖然還有一年才能退休，但是他已經等不及開始修行，家人們也都很支持。

發心終於得償所願的鐵鑑法師，實際上在修行路上，超乎想像的辛苦。當然，指導行腳的僧侶們，年齡也和鐵鑑法師的兒子差不多，被比自己年輕的僧侶斥責，想必一定很困窘。因為身邊全都是年輕人，他拚了命跟上大家的腳步。

例如，每天早上要打掃大本山總持寺的長廊，這項工作連年輕人都覺得很吃力。長達一百公尺以上的走廊，要使用抹布來回擦拭無數次，鐵鑑法師都是邊喘氣邊擦地。修行中的行腳僧集體行動，任何一個人遲到大家都有責任，藉此培養互助合作的精神。

我們都盡量關照鐵鑑法師，體力活都盡量讓年輕人來做，如果他動作比較慢，我們會不著痕跡地等他，大家在共同協助鐵鑑法師下度過修行生活，也培養出深厚的信任關係。

一個五十四歲的人跟一群年輕人在一起，有時難免會成為絆腳石，但是鐵鑑法師卻成為大家的心靈支柱。他的人生經驗豐富，所說的話常讓我動容。修行中沒有喋喋不休地聊天，但是每次不經意看到鐵鑑法師溫柔的笑臉，總能在無形中拯救許多年輕人。

修行告一段落後，即使各自回到不同的寺院，我們的信任關係仍然持續。雖然無法見面，但是心裡總是有鐵鑑法師溫暖的笑臉。鐵鑑法師已經過世，但回憶仍深深刻印在大家心中。

年齡不是阻礙

我是在二十六歲時遇到五十四歲的鐵鑑法師，這次的相遇成為我人生中美好的一部分。

一旦過了五十歲，就很難有勇氣跟年輕人打成一片，即使想要學習新事物，如果看到都是年輕人，也會猶豫不前。例如想要開始學跳舞，但是舞蹈教室的學員都是年輕小伙子，有些人就會覺得不好意思而放棄，認為「我這種大叔去了，會麻煩人家吧」。

其實這些都多慮了。如果是想要學習新事物，大家都站在相同的起點上，不論是二十歲的年輕人，或是五十歲的大叔，起跑點都一樣。年齡不是阻礙，大家都是從零歲開始。

的確，或許做不到跟二十歲年輕人一樣的程度，肢體動作不靈活、記憶力也變差，但是卻具備足以彌補短處的智慧與經驗。即使學得比較慢，但是卻比年輕人更能體會其中的樂趣。請拿出自信，投身新領域吧！

五十歲，是還能有很多發心的年齡層。有體力，也累積了豐富的經驗，如果將此作為武器，就能做到連年輕人都做不到的事。

把年齡當藉口的人，其實是沒有強烈發心的人，無疑是浪費了人生。我認為只要想開始，就沒有所謂的太遲。

03

擁有夢想

隨著年齡增長，漸漸地會喪失可能性，不會再去構築新的夢想。有人會有這樣的想法，但我完全不認同。

當然以現實層面來說，五十歲當不了職棒選手，不管多努力都不可能。像探險家三浦雄一郎一樣，八十歲還去攀登聖母峰的人也是屈指可數，不是一般喜歡登山的人就能達到的境界。但是，人人都可以有攀登聖母峰的夢想。

抱持著總有一天要去爬聖母峰的夢想，每天鍛鍊腰腿，逐步挑戰更高的山巒，一步一步朝夢想前進，人生的喜悅就潛藏於追夢的過程中。即使最後並沒有達成攀登聖母峰的夢想也沒關係，我認為，正是朝著夢想前進的動力，讓人生更充實。況且，五十歲的體力和精力也還很充足，想要有什麼夢想都可以。如果一開始就放棄，那不就是等同於自己放棄幸福嗎？

有些人常會把「反正」當成口頭禪，像是「反正一定做不到」、「反正一定不可能」、「反正我就是不行」，請趕快察覺「反正」一詞對人生來說，會產生多大的負面影響。什麼都不做，一開始就放棄，是多麼可惜的一件事。

不要說「反正」，而要說「或許」。「或許可以做得到」、「或許我也行」，夢想和可能性自然變大。

隨著年齡增長，累積各種經驗是很棒的一件事，但有時也會成為絆腳石。自己有幾兩重，憑藉經驗馬上就能判斷出來。從過往的經驗而去斷定絕對不可能實現夢想，一旦太早下定論，就會說出「反正」這種話。

連試都沒有試過，就認定自己不行。為什麼要親手毀掉自己的夢想和可能性呢？人生必然會走到盡頭，究竟是二十年後或十年後未可得知，也有可能明天就告別人世。在有限的時間內，可不能用一句「反正」就糊弄過去。

人要有夢想，才能活下去

所謂的夢想，實現並非唯一目的。如果夢想能實現當然很好，但是即便沒有達成，在逐夢的過程中也很有意義。正因為持續在前進，才會有可能性。如果一開始就放棄，將完全沒有機會。

世界上沒有可能性為零的事物。你認定的零，並不代表絕對的零，或許僅有百分之一或二，也是有可能性。因為我們就是這樣活過來的，我相信活著這件事本身就充滿可能性。

擁有夢想對於人類來說，是非常重要的一環。說得更嚴重一點，若完全沒有夢想，人要如何活下去？

完全沒有夢想與希望的狀況，我們稱之為絕望。有時候會有絕望感襲來，但是即便是絕望，也不過是心靈的錯覺。只要活著，就不會失去所有的希望。即使失去一切，只要還有一條命，就有實現夢想和希望的能力。

請繼續懷抱夢想，並朝著夢想前進。實現小小夢想後才離開人間，這是多麼幸福的事。但是並非只有實現才是幸福，懷抱著無法實現的遠大夢想不斷前進，也是一種幸福。

04

享受轉機

人生有各種轉機，結婚擁有自己的家庭是其中一種，在公司升職或是被交付其他的工作，甚至是換工作也是一種。有對自己來說，是往好的方向走的轉機，也有毫不期待的壞轉機。任何人都會有轉機降臨，無法閃躲。

面對轉機時，有些人覺得並非取決於個人的意志，因此無計可施。即便自己不想要，周圍的環境也會改變，並非能力所及。

的確，周圍環境的改變並不是自己能控制。經濟狀況的變化、公司的人事異動，確實使不上力。

遇到期待之外的轉機，很多人都是舉手投降、默默承受，換句話說就是放棄抵抗。

降薪不是自己有問題，被調到新的部門也不是因為犯錯，尤其對於五十多歲的人來說，經常會碰到這類負面的轉機。例如被調到不喜歡的部門，對工作內容興趣缺缺，但是離退休還有好幾年，只能先忍耐並在公司混到平安退休，我不會去苛責每天抱持這種想法度日的人。

但是我覺得很可惜。人生只有一次，五十世代這個時期也只有一次。在絕無僅有的時光中，如果是以悲觀的心情度過，之後人生一定會有遺憾。請以更積極的態度面對眼前的轉機。

面對轉機不是以放棄的心情接受，而是要正面迎擊。

五十歲過後被賦予新的工作，不知不覺就會陷入「都已經這個年紀了，根本不可能學會新內容」的想法。一開始就放棄，完全不在工作學習上努力，再加上莫名其妙的自尊心，認為去請教年輕的部屬很丟臉。

請不要這樣想，對於新工作要抱持享受的心情。工作的種類多不勝數，不是只有你之前做過的才是工作。即使在同一家公司，工作的種類和作法也百百種，很多你未曾嘗試過。被委以新工作，我認為是很幸運的事情。

五十歲之後還能踏入新世界，沒有什麼比這更棒的事了。而且邊做的同時還有薪水可領，真的是非常幸運。

更何況工作到五十歲的人，累積了很多經驗，知道工作該怎麼進行，在人際關係相處上也很嫻熟，即使接了新工作，也能從不同於新人的角度來切入。

用樂觀的心看待人生的轉機

從這個意義上來說，「轉機」取決於個人心態，看你是將轉機引導到好的方向，或是不好的方向。能決定這一切的就是你自己。

禪語曰：「日日是好日。」意思並非是每天都很美好。人生中有好日子，也有壞日子；有開心的一天，也有傷心的一天，生命就是如此不斷重複。

不過，不論是喜悅還是很痛苦，同樣都是人生中的「一天」，是無法再重現的「一天」。希望大家能夠注意到這一天的重要性。

今天是「好日」，並不是取決於當天發生了什麼事，也不是碰到了什麼人。決定今天是好日的關鍵在於「你的心情」。

轉機也一樣。即使遭逢對自己而言是負面的轉機，也會因為心態而轉危為安。**我們很難逃避到來的轉機，那就改變自己面對的方式**，如此一來，能讓你感到「雖然那個時候覺得很辛苦，但是以結果來說是好的轉機」的時刻，一定會到來。

五十歲後，終於擁有享受轉機的餘裕。想法還很有彈性，再加上有經驗，只要擁有這兩種武器，相信不管遇到任何轉機，你都能樂在其中。

05

舊地重遊，感受一定不同

五十歲過後，工作上差不多開始較有餘裕，休假日也能真正好好休息，再加上脫離育兒階段，自由的時間也變多了。因此，夫婦或朋友一起出遊的機會也變多。暫時從繁忙的日常生活中抽離，置身於另一個世界，具有放鬆身心的功效。

有空閒時想去哪裡呢？一直想去的地方、未曾造訪的地方都很吸引人。不過，長年辛勤工作的上班族當中，一定有人因為工作的關係，全國跑透透。尤其是業務，出差是家常便飯，幾乎各地都去過了，沒有什麼地方會感到新鮮。

即便是老婆說想要到北海道旅遊，也會回說早就出差去過三次。換成九州，也會回說去過好幾次，觀光勝地也已去到膩。如果說出這樣的話，根本沒有地方可去。

曾經去過、曾經做過、曾經吃過，隨著這些經驗增加，會讓人有一種無所不知的錯覺。這對於享受人生來說，只有減分沒有加分。

即使是因為工作曾經去過的地方，再次造訪也可以發現新的魅力。同樣的食物，在工作時吃的味道，絕對和跟太太或朋友一起享用時完全不同，會有前所未有的感動。

「一期一會」是很有名的禪語，意即每一次的相遇，都是人生中獨一無二的體驗。即使去同樣的地方旅行，春天和秋天造訪所看到的風景截然不同。氣溫不同，風吹過來的氣息也不一樣，而且碰到的店家及店員也不同。

好好享受那一瞬間，因為每個瞬間都是人生。抱持著「一期一會」的心，同樣的地方即使去過很多次，每次還是會有不同的魅力。

隨時保有好奇心

時下資訊氾濫，儼然已成為只看表面的年代。即便沒有去過，光看電視就有身歷其境的感覺。看到各地的名產，沒有品嘗過也會覺得大概就是那種味道，成為只用腦袋，但缺乏心靈和身體的實際感受。

尤其是隨著年齡增長，累積的資訊量也不斷增加，光用想的就覺得什麼都經歷過了，陷入好像無所不知的錯覺。這種錯覺正是讓人失去好奇心的原因。

所謂好奇心豐富的人，必然會付諸行動，有想做的事馬上就去做，有想去的地方就立刻出發。真正的喜悅與樂趣，只有自己真正動起來才會出現。靠想像或是只在腦袋裡思考，是不會發現樂趣的。

還有一件事，那就是過去的經驗和現在無法比較。例如再次入住十年前曾去過的旅館，此時一定有人會拿來跟以前比較，像是「十年前的料理比較好吃」、「服務比十年前差」等不斷挑剔，同行的人聽了也會覺得很不舒服。

十年前與現今相較，理所當然會改變。建築物變得老舊，或許連老闆都換人了，周圍的風景也會改變，更遑論你自己也變了。如果把注意力都集中在那些變化上，不斷挑剔抱怨，最後必然興致會少了一大半。因此，請好好享受當下吧！

我非常建議來一趟二度旅行，造訪以前曾經去過的地方，感受到時光的荏苒。不拿以往住的旅館和現在的來比較，而是去體驗自己的今昔之比。一旦這麼做，必然會發現自己的改變，可能有失也有得。自己得到了什麼、失去了什麼，可以透過二次旅行去尋找。

如果是夫婦一起出遊，可以看到彼此的轉變。回望兩人一路走來的歷程，二次旅行可說是下一個人生的出發點。

06

經歷就是最好的名片

聽到「經歷」一詞，有些人就會退避三舍，有些人則是認為是指創業、成功幹一番大事業，或者是取得困難的證照等很遠大的目標。但是，並不是每個人一開始就有經歷，也不是一開始就那麼有自信。大家都是一步一腳印慢慢累積，才有現在的經歷。

某個層面上來說，五十歲的人一定有所成就。只要在社會上工作，就一定會有經歷。但是對於自己累積的經歷，有的人卻沒什麼信心。

有些人會很沒自信地說「我這三十年來只會做業務」，而另一方面，有人卻會自豪地說「我這三十年只專心做業務」。乍看之下經歷相同，實則有很大的差異。

說「我只會做業務」的人，隱含的是「其他的事情我都不會」的負面含義；而說「專心做業務」的人，透露出的是「因為會做業務，所以其他工作也沒問題」的自信。這就是非常大的差距。

為什麼會有這麼明顯的落差？很多人不管自我意願如何，都會想辦法在組織中活下來。公司、政府等組織或是自營商，都是在產業的組織中掙錢餬口。所謂在組織中生存，某種程度上來說是走在鋪好的軌道上。只要隸屬於組織，就不能隨意地脫軌，必須要完成指示的工作，遵從組織的方針，這也是無可奈何的事。

但是在組織中，有的人對自己的經歷自信滿滿，有的卻毫無自信。為什麼會有這樣的差異？一言以蔽之，就是取決你是否把自己當主體。

你的人生是自己的，不是別人的，能成為主體的總歸只有你自己。以人生主體來生活，是禪宗的基本思考方式。

以主體來過人生，即使是走在鋪好的軌道上，也不會只是墨守成規。你會嘗試鋪設新軌道，或是去做軌道下的枕木，也就是說，隨時都努力想要有新的產出。

說只會做業務的人，單純的承接前輩的銷售方式，自己沒有思考，只會照別人說的去做。而經常嘗試新方法的人，靠自己的力量去跑業務，工作時或多或少都會思考要怎麼鋪軌道，這樣就會有自信說出「專精於業務」。

別只照著公司鋪好的軌道走。請試著思考，有軌道代表有人去鋪設，既然如此，與其當走軌道的人，不如當鋪軌道的人，保持這種心態工作，就是把自己當成人生主體的生活方式。

沒經驗也無妨，用心最重要

工作時以自己為主體的人，一定會成為社會中不可或缺的人。即使退休，公司也不會輕易放人。我就認識一位堪稱典範的男士。

我姑且稱他為A先生。A先生在某中小企業製造商擔任業務，並順利地在六十五歲退休，但他還想繼續工作，所以就去當大樓管理員。

當然他對這份工作是零經驗，一開始完全不懂，只能照著指導手冊做，諸如定時打掃走廊、在固定的時間澆花等，當然也要跟住戶打招呼。

他說在工作時，都會想著是否有讓住戶更滿意的方法，像是打掃走廊應該要注意小地方、澆花不要隨意亂噴，同時留意節約用水，還要記住住戶的模樣和名字，經常嘘寒問暖。

經過一年的用心，住戶的好評也傳到總公司耳裡。「A先生是很棒的管理員，希望他一直在我們社區服務」之類的迴響愈來愈多。聽到這些好評，A先生也收到來自總公司的請託，希望他能夠幫忙訓練新進的管理員。

A先生很爽快地接受了請託，利用自己的休假來擔任指導。而他的指導也大獲好評，後來A先生就被調回總公司，成為研修部的指導主管。

我認為這是非常棒的故事。沒錯，A先生就是以自己為主體在過人生。如果他認為管理員的工作門檻很低，什麼人都可以做而輕忽怠慢，那八成幾年後就被辭退了吧。

但是A先生卻活用以往業務工作的經驗，同時自己鋪了新的軌道。不管是業務或是管理員，基本功是一樣的，將此基本功充分運用於經歷中，A先生的新事業於焉展開。

幾年後如果再問A先生，他一定會回答「我曾專精於業務，之後則是專精於管理員」。

真正的經歷，是自己用心培養出來的。

Chapter

2

該為自己活了

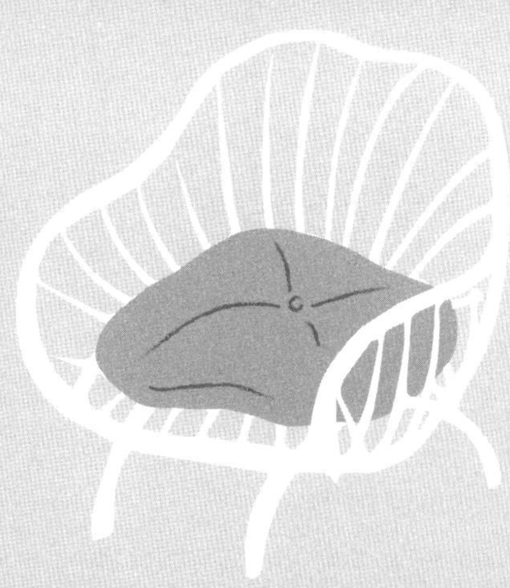

07

不執著要老死在故鄉

所謂「歸宿」，指的是自己一輩子生活的土地，在人生旅途結束後可以長久安居的家。如果有這樣的地方，會很有安全感。

人們心中對這樣的地方一直有嚮往。能夠永遠待在出生地或是老家，度過漫長人生，過去在日本很有可能。由於不知道外面的世界有多大，因此就在自己成長的地方落葉歸根。某種層面來說，也可以算是很幸福。

但是，現代人很多都是離開老家外出奮鬥，即使在家鄉長大，到了上大學或是就業，也會到都市生活。尤其是男性更是如此，即便出身九州，但公司在東京，所以就一直在東京生活。之後和東京的女性結婚，孩子的故鄉也就變成東京了。

長期住在沒有任何淵源的土地上成家立業，雖然住了幾十年，但只是在住家和公司之間往返，完全不認識街坊鄰居。究竟這對自己來說算是「歸宿」嗎？在退休年齡到來時，很多男性都會思考這個問題。

退休後想要回到出生長大的九州，回到故鄉定居，有老友和懷念的氣息。很不可思議的，人的內心深處總是保留了故鄉的風景。

經過幾十年，街道和人們都變了樣，即便如此，在故鄉的車站下車，還是能感覺到莫名的懷舊氣息，那股無法言喻的懷想，融合在吹拂臉頰的風中。我發現雖然身體離開故鄉，但是心靈卻無法離開，就是這麼奇妙。

丈夫把退休後想要回到故鄉的想法告訴家人，卻遭到太太的大力反對。畢竟對妻子來說，丈夫的故鄉是太過遙遠的存在，怎麼有辦法在未知的土地上展開新生活。對於孩子來說亦然，尤其是在都市裡出生成長的他們來說，鄉下是毫無魅力的地方，根本不會想要離開朋友，跟著父親回老家。這就是最現實的狀況。

既然如此，那就自己告老還鄉回故里，如果能這樣下定決心也就罷了，但其實卻很難做到這一步。一方面是年紀大了，依賴太太的地方也變多了；再者，即使故鄉有老友，一個人生活也太寂寥。結果就是只能放棄回故鄉的念頭，把沒有情感連結的土地當成最後的歸宿。我想很多人都不得不做出這樣的決定。

我是這樣想的。現在沒必要去限定「哪裡」才是最終的歸宿，為了那份安全感而勉強自己做決定，不久後心裡一定會有所不滿。總是壓抑想要回鄉的心情生活，絕對稱不上幸福。

不妨以更自由的心態來面對最後的歸宿。

歸宿不一定要是故鄉

我主持的寺廟裡，有一位男信徒在七十歲回到故鄉。當初退休的時候，因為家人的反對所以繼續留在東京，但是到七十歲時，便突然跟家人宣告「要回故鄉」。原本的房子是太太和孩子一起住，而他自己則是在故鄉又找了一間小房子。家人不免還是會擔心，不過他本人卻一派輕鬆地說「如果一個人搞不定我就會回去了，你們只要偶爾過來玩就好嘍」。

這是多麼自由的心態啊！仔細想想，夫妻本來就不一定要綁在一起，沒必要勉強太太，而孩子也有自己的人生，讓家人各自自由發展就好。日本又不大，到任何地方皆是一天即可到達，或許之後的時代就會是家人互相來回走動的型態。

更進一步來說，「歸宿」也並非一定要是故鄉。的確，出生成長的老家是能讓人安心的所在，但是這並非是全部。

有句禪語說：「大地黃金。」大家都以為一定有個金黃閃耀的地方在某處，只要到那裡就能幸福美滿，而朝此目標前進。其實，這個地方並不存在。在遠處眺望時是金黃閃耀的地方，一旦到達就近一看，都是褪色的風景。金黃閃耀的大地不是在某處，而是要由自己創造。隨著個人是否用心和生活方式，便能讓目前所在的地方

「金黃閃耀」。

「大地黃金」就在你心裡，正是這句話的真正含義。

「歸宿」也一樣，並不是在某個特定場所，而是自己的心所創造出來的地方。對於想要永遠在一起的夫婦來說，兩個人共同生活的地方就是「大地黃金」，這就是「歸宿」。

08

再忙都要放鬆

三十歲到四十多歲的這段期間，很多人每天都忙得昏頭轉向，被工作追著跑，連假日也不得閒，身體休息了，腦袋還轉不停。不只是工作，家庭生活也有各種變化。隨著孩子成長，生活步調也不斷改變，身為父母需要思考的面向愈來愈多。總之，就是個心靈無暇休息的時期。

當然，忙碌之中也充滿了樂趣和充實感。這樣的日子並非全然不好，但是被忙碌淹沒無法自拔，總有一天會失去自我，導致該做的事、人生的方向皆錯過。因此，在變成這樣之前，在進入五十歲後，要有意識讓自己的心有餘裕。

並不是過了五十歲，生活和工作馬上就會有劇變，很多人還是一樣每天公務繁忙。孩子大了，問題也變得更複雜。有些人會認為，這種狀態下的心靈，如何有餘裕。

千萬不要混淆，認為時間的餘裕就是心靈的餘裕。所謂的餘裕，很多人會想到時間方面。工作上也好，家庭生活也罷，大家都以為要產生時間上的餘裕，然後才會有精神上的餘裕。這是天大的誤解。

所謂心靈的餘裕，是靠自己創造。正因如此，我總會建議大家去接觸大自然。

生活在都會區，也能接觸到大自然。每天走路到車站，沿途有很多可以感受到季節變化的自然景致，諸如一朵盛放的小花、天空的顏色會讓你知道夏天的腳步近了、吹拂在臉上的風可以感受春天的到來。把眼光投向身邊的大自然，光是這樣就能讓心靈產生餘裕。

在通勤上下班的捷運上，很多人都是盯著手機看，不只是年輕人，中老年人也是如此。不知道大家在觀看什麼內容，但那是一定非得在車子裡看的東西嗎？你這麼迫切想要知道的資訊，究竟對自己有多大幫助呢？每次看到這個光景，我都覺得好浪費時間。

好不容易離開公司，應該要讓心更自由。

請看看車窗外的夕陽吧！即使每天搭同一班車，今天看到的風景和昨天也不一樣。天空的顏色、風的氣息、夕陽餘暉，一切都有變化。看著自然景致的改變，瞬間心就靜下來了。不要想東想西，運用五感去感受自然風景就好。

如果看不到車窗外的風景，那就閉目養神，調整呼吸。肚臍稍微下方的位置有個稱為丹田的部位，將意識集中在丹田，慢慢地吐納。很不可思議，光是這樣做，心情就能放輕鬆。

事實上，上述的「丹田呼吸」是僧侶坐禪時用的呼吸法。只要短短三十分鐘，花費一些時間，就能讓心靈產生餘裕，至少比滑手機更能讓心情平靜。

要比年輕時懂得保留自我的時間

五十歲過後要靠自己創造出心靈餘裕。雖然工作量相同，但面對的態度不同，情況也會改變。面對工作時不要過於鑽牛角尖，而是保持餘裕的態度。因為已經擁有充足的技能和精力，一定可以完成。在身體迅速移動的同時，也要保有心態上的從容。當你擁有上述的姿態，才會讓後輩想要追隨。

為什麼把眼光轉向大自然這麼重要？這裡想跟大家談一些佛教思想。

世上一切都是按照自然律法運行。春暖花開，秋日結果，梅雨時期下雨，隆冬之際降雪，古往今來皆未改變。在數千年間，大自然周而復始，永恆不變，因此被視為真理。

我們生而為人，生命也是自然界的給予。即便你說「心臟可否暫停」，心臟也不會自己停止。你以為心臟的跳動是由自我控制，但事實並非如此。是有超越人的意識，更偉大的存在來左右我們的生死。大自然的運行亦同，某種超越人類理解的力量驅使著宇宙萬物，有著一個人為力量無法適用的世界。

把眼光轉向大自然，也就等同把目光朝向真理。這種說法有點抽象，也就是把眼光轉向大自然，可以察覺到人類的渺小，就會發現當下的煩惱和痛苦，也就不是那麼嚴重的事情了。

人生總是有莫可奈何的事，而且無法靠一己之力改變。所以不要逆勢而為，而是要順勢而行，持盈保泰。

俗話說：「忙裡偷閒。」不論如何忙碌，一定可以挪出一點點空閒時間。即使被工作追著跑，必然還是會有時間調整呼吸。在緊湊忙碌之餘，一定存在著空白的時間，這需要自己去發現，懂得在忙裡偷閒。

當然，你也可以輕易地把沒空當成藉口，讓自己被忙碌淹沒。不過，我建議大家，不要被輕率的忙碌困擾，也不應該無所作為就隨波逐流。**能否讓心靈有餘裕，這將左右五十歲以後的人生大方向。**

09

開始為「自己」而活

在書店的勵志書籍區一看，陳列著很多「自我實現」的書。如此充滿魅力的語句，讓許多人被標題吸引。

所謂的「自我實現」到底是什麼？一般的解釋恐怕多和工作有關。在公司裡要有自己的目標，為了實現目標而拚命努力。我想要做這種工作、我想要做出成績，當願望成真時，一定就會有產生「自我實現」的感覺。

抑或是公司或主管給予目標——「你在公司的職責是這個」、「你應該達成這個目標」等。朝著被賦予的「自我實現」而努力，這也是一種生活方式。

但是，佛教的「自我實現」意思不太一樣。人人心中原本就有「佛」，是沒有被汙染的美好自我，也稱為「佛性」。在現實社會中隨波逐流的自己，以及存在於心中不會動搖的佛性，生而為人，要隨時意識到有這兩者存在。

禪語云：「把手共行。」意思是攜手共度人生。但是，要跟誰攜手走過人生？那就是現在的自己，以及與生俱來的「本來佛」及「心中的自我」，讓上述兩者手牽手共度。

進行四國遍路的朝聖者（譯註：造訪橫跨四國地區，共八八處寺院的徒步朝聖之旅，全長約一千兩百公里），會戴著印有「同行二人」的斗笠徒步修行。實際上並不是兩個人一起走的意思，而是自己和你心中的弘法大師或觀音。

即使是獨自前行，總會有另一個自己常伴左右。所謂的遍路朝聖，可說是與「本我」相遇的歷程。

禪僧在行腳修行時，每天都會坐禪。「坐禪」二字也有很深的含義。請看「坐」這個字，上面有兩個「人」並排，這就是代表自己以及另一個本我。當兩個自我面對面坐在土地上，這就是「坐禪」的真義。

以往坐禪就如同字面上所示，是坐在土地上或是石頭上，即將己身安放於大自然中，靜靜照看自我。直到後來才演變成在有屋頂的地方坐禪，所以就成了帶有表示屋頂「广」的「座禪」。

佛教的自我實現，指的是找到與生俱來的本來自我，並以此坦率地活下去。

例如，本來的自我非常溫和，絕對不會傷害他人，即使自己吃虧也會希望能對他人有幫助。不過在現實社會中，卻會遇到不得不否定本我的狀況。

在工作上想要出人頭地，必定要超越他人。在達成自我實現的時候，也會傷到他人。在隱藏真我的狀態下，完成社會上的責任。公司或上司賦予的自我實現使命，即使有所懷疑，還是要努力實踐。很多人就是這樣一邊欺瞞本我，一邊工作。只要在組織裡工作，就不得不接受。尤其以一般人來說，就算到了四十多歲，自我實現還是以「工作」為主。如果很難接受，那就只能放棄另一個自我。透過這個時期，也是人生的歷程。

但是過了五十歲後，該是重視另一個自我的時候了。

做真正想做的事

自己真正想做的事是什麼？究竟自己能在這份工作中實踐本我嗎？請在面對另一個自我的同時，思考今後的人生方向。

並不是要大家任性妄為，突然違逆公司的方針。只是建議要客觀地觀察周遭環境，了解自己是否被淹沒在外在給予的價值中。

以往被交辦許多工作，其中當然也有難以接受的部分，應該也有很不想做的事情，但是迄今卻從來沒有拒絕過。我可以感覺到另一個自我逐漸消失中，但還是要努力強迫自己接受。其實，可以稍微解放自我，脫離這種痛苦。

如果不想傷害別人，就沒必要勉強去做。如果被賦予的自我實現與本心相違，那也不需要去遵從。往後的人生，要靠自己的力量去決定方向。**因為公司賦予的自我實現，在離職後就會消失。**

到那時你才會發現，以往面對的不是「自我實現」，而是「他人實現」。

再次重申，本來人們與生俱來就有正念佛性。捨去欲望與執著，面對誠實的自己，而你心中的佛，會指引你未來該走的道路。

10

要有獨處的時間

在社會中，每個人都有各種不同的身分。到了公司是課長，回到家是父親，即使是在好友面前，也扮演出該有的角色。當然這些都是你自己。

但是，我們一定還有「另一個自己」。有別於在社會上所展現的那一面，是存在於你心中的那個自己，是不受世俗束縛的本我。在佛教中稱之為「主人翁」。

「主人翁」不是電影或小說中的主角，而是代表「本我」。禪僧就是為了體現「本我」而不斷修行。

自己究竟是怎樣的存在？自己真正想做的事是什麼？自己的真心話和真實差在哪裡？請好好想一想，這非常重要。直到四十多歲，都還是處於忙碌無暇思考這些議題的年紀。為了扮演好社會賦予的角色，就已經殫精竭慮，然後你會相信那就是「本來的自己」。

不過，在社會上的角色並非永遠不變。課長的角色一旦退休就會消失，父親的角色在孩子長大獨立後也會變得薄弱，這絕對不是壞事，每個人都會意識到。

正因為如此，五十歲過後必須開始尋找「另一個自己」。好好專注於自己本來該有的姿態，這將會左右著日後人生是否能過得充實。只要你能思考到「本我的樣貌」，就能走向屬於自己的人生，不會執著於過往的角色，而是能以新的面孔出現。

花時間好好面對自己

為了找到「另一個自己」，你需要有獨處的時間。那是遠離公司、家人與朋友，與自己對話的時間。

我建議的方法之一是去掃墓。當然，因為我的立場是住持，不過也不僅僅因為如此。一個人站在墓前，雙手合十祭拜過世的祖先。如果長眠於此的是父母，也可以跟他們說說話。

「爸爸，我這樣的生活方式好嗎？」「媽媽，今後我該怎麼走？」試著在墓前供花時詢問吧！

當然我們並不會因此得到逝者的回應，而是在這樣一段時間中，一定會有遇見「另一個自己」的瞬間。

我認為所謂的掃墓，並不只是祭拜過世的先人，而是與自己面對面。

即使無法掃墓，還是有好幾個能夠獨處的場所。下班回家的路上，可以順便到附近的公園，或稍微繞遠路散步到河邊也行。時間不用太長，十分鐘也沒關係，只要是獨處就好。

在公司裡有同事，那你只能顯現在公司扮演的角色；回到家之後也只能是父親的臉孔。在其中必定會有某些感情存在，容易被喜怒哀樂影響。想要擺脫情緒的波動，就要去除喜怒哀樂，與自己面對面。這是非常困難的一種心理狀態，但即使只有短短一瞬間，也能看到本我。

對僧侶來說，最理想也是最美好的生活就是隱居。實際上著名的高僧西行法師、良寬法師，都是過著隱居的生活。獨自一人居住在山裡，面對本來的自我，也就是「隱於山」。

不過，這在現實中很難實現，因此千利休（日本第一茶聖）提出了「隱於市」的想法，也就是雖然身處於慌亂忙碌的城市中，仍創造出「隱居」的狀態。他在遠離主屋的安靜場所，設置了茶室。

不妨試著實踐「隱於市」。不用特地住在山上，日常生活中也可以創造出一個人獨處的場所。公園的長椅也好、附近的寺廟也罷，盡量在能感受大自然的地方獨處。

在短暫的時間裡，擺脫人際關係的束縛，讓自己成為「主人翁」。五十歲過後，該開始找尋不同於社會角色的自我了。

11 目標沒那麼明確也無妨

日本人生性仔細認真，任何事都要按部就班，像是好好設定目標，並盡最大努力來達成，工作也是要先計畫，然後確切執行。這些當然是很棒的優點。

不侷限於工作，在人生規劃上也是有條不紊，像是四十歲要當上課長、五十歲要存多少錢、退休會有多少的退休金，這樣子應該就可以還清貸款，然後要在什麼地方養老等。

當然有夢想、有目標很重要。五十歲過後也要有各式目標，人生才會更加豐富。但是你必須知道，人生並不會按照計畫進行。如果人生能夠照本宣科，那會有多輕鬆，但也會很無聊。

過分執著於明確的目標，一旦沒有實現就會非常沮喪。四十歲要當上課長，能夠如願當然開心，但萬一不從人願，就會覺得像是世界末日，自己在公司已經沒有明天。

你在公司裡不會因此就沒前途，只要努力就不會丟飯碗，放棄的瞬間才是結束。

五十歲過後，不知不覺就會開始思考日後的人生，大多是退休後的生活。即使六十歲退休，人生還會繼續。以平均壽命來說，連男性都高達八十歲，所以還會再活二十年。到底要存多少錢才夠、那麼長的時間要做什麼才好？

東想西想也就罷了，但生性認真的日本人，最後就會開始設定目標。像是要另外找工作做到六十五歲，之後再搬到比較大自然的地方種田養老，每天的生活費要控制在多少錢以內等，鉅細靡遺做成計畫表，如同在管理公司的專案。

但是人生並不會這麼單純。你不一定能二度就業，想搬家老婆也不一定會跟，更何況是種田，完全無法保證能順利收成。金錢方面也一樣，或許會有意料之外的花費，更不用說自己是否能活到八十歲，誰也不知道。

設定稍微模糊一點的目標，例如五年後大致想變成這樣、十年後盡可能想要做到某種程度，如果二十年後還活著，那就是賺到了，到時候再去想就好。**與其擔心無法預知的未來，還不如重視可以掌握的現在。**

而比任何事都還重要的，就是身心健康。即使活到八十歲高壽，也存了很多錢，如果身體不好，人生也是黑白的，且無法到國外旅行。即便刻意搬到自然豐饒之處，不健康也無法種田。

與其擘劃未來，不如先專注目前的生活

規律生活，減少欲望，吃飯八分飽，身無長物。在生活中用心，就能開創真正豐富的未來。

明確的目標有時會為人生帶來光彩。四十歲想要成為什麼樣子，一旦達成目標，會有巨大的喜悅。但是這種光彩卻無法長久持續，光芒終會黯淡，而會想要再去追求下一次的光彩。年輕的時候這樣也無妨，但是五十歲過後，就不會再徒勞追求那份閃耀。

從追求瞬間閃耀，進入找尋幽暗微光的時代。幽暗微光不像瞬間閃耀，但卻能持續照亮自己的每一步，我認為這絕對不是負面的事。

五十歲過後開始，人生無可避免慢慢進入下坡。為了要走過漫長的下坡路，就必須要有照亮腳邊的燈光。這種燈光不需要照亮幾百公尺的路，只要能照亮少許前方即可。

這就是佛教所說的「腳下照顧」。好好專注於自己的腳邊，面對真實的自己，每一步都小心翼翼地走向目標沒那麼明確的未來，你的腳邊一定會落下小小的幸福種子。

12

緣分對誰都是一視同仁

不論男性或女性，不婚族群逐年增加，終生未婚率更是節節高升。有人想結卻結不了，或是抱定不婚主義，雖然理由各異，但是對結婚煩惱不已的人的確很多。

我的寺廟信徒中，有人為了兒子年過五十還不結婚而感嘆。一問之下，他兒子是任職於大型建設公司的菁英人士，畢業於一流大學的建築系，做過很多專案，以ＯＤＡ（譯註：已開發國家對開發中國家的一種經濟援助）等政府標案為主，幾乎都在國外工作。即使回到日本，不到半年又會到國外出差，結果完全錯失了結婚的機會。

也就是說到了適婚期，因為環境的影響而無法結婚。職場上沒有可作為結婚對象的異性，而且工作繁忙也無暇顧及感情。很多人都感嘆沒有緣分，當然每個人的情況不同，但是我認為緣分並不是這樣定義。

職場上沒有結婚對象、認識異性的機會很少，狀況的確如此，但是緣分會在別的地方。也就是說緣分對任何人都是公平的，能不能抓住要看個人造化。

會說「自己沒有緣分」的人，其實是誤解。周遭其實有很多緣分，只是你沒有想要去結緣、沒有注意到難得的緣分，或是沒有結緣的心情而已。

進一步詢問那些說「自己沒有緣分」的人，似乎都是「跟適合自己的人沒緣分」。每個人都有緣分，但是還是覺得不滿，認為有更適合自己的人。

找尋適合自己的人不是理所當然嗎？但是這些人所謂的「適合」，究竟是什麼定義？

是不是只在意表面的「適合」？具有相同程度的學歷、有相同的社會地位，說得更細節一些，例如身高是否和自己匹配、自己很帥所以對方也必須是美女，都是這些表面的「適合」。如果一直追求這些表面的條件，那應該找不到完全符合的人。即使找到了，這些表面的條件在婚姻生活中馬上就會變得黯然失色。

什麼樣的人適合自己？一言以蔽之就是「有共同生活的意識及相同的價值觀」。喜歡什麼食物？有什麼嗜好？人生中最重視的是什麼？有什麼樣的童年？本來結婚應該重視的是這些事情。所謂的婚姻，是不斷重複的平淡日常，表面上的「適合」並沒有任何意義。戀愛的感覺也會在生活中消磨殆盡，這就是婚姻。

在漫長的婚姻生活中，能夠持續發光發亮的，莫過於安全感。和擁有同樣價值觀的人在一起，即使有摩擦，最後都能心意相通，對於彼此而言都像空氣般存在。空氣雖然肉眼看不到，但卻是維持生命不可或缺的物質，我認為夫妻關係就應當是這樣。

不要著眼於表面的條件，而要去找真正適合自己的人。說話的時候很舒服、可以暢所欲言不用隱藏真實心意、不知為何生活節奏很合拍，請重視和這些對象的緣分。尤其過了五十歲才考慮結婚的人，更不可以只看表面，那是三十歲的人做的事。由於雙方都累積了人生經驗，更要努力去了解對方的心。

更不用提「把結婚對象拿來跟別人比較」這種地雷行為，像是：朋友都和菁英結婚，我的對象卻不是；朋友娶了年輕的老婆，我的另一半卻上了年紀。若是做這種很愚蠢的比較，不管跟誰結婚都不會滿足。

很多人在婚禮上，會希望朋友能對自己說「你找到好對象」、「好棒，真羨慕你」。但是這也只不過是表象，真正的「對的人」，沒有經歷婚姻生活是不會知道的。

幸福的婚姻不是在結婚的那一刻，而是長年一起生活，等到走到人生盡頭，讓你感到「我真的跟一個好對象結婚」，這才是幸福。

再次重申，沒有人與結婚無緣，緣分對誰都是一視同仁。**改變自己的心態，才能與美好的人結緣。**

13

該留給孩子的遺產，並不是金錢

經歷嚴格的行腳修行，才能成為獨當一面的僧侶。要幾年才能成為僧侶？要怎麼做才能獨當一面？這些並沒有明確的基準。不是靠制度決定，更沒有所謂的畢業證書，師父認定你能獨當一面的時候，就是正式的僧侶。

師父做出「這個人已經是獨當一面的僧侶」的判斷後，會舉行稱為「傳法」的儀式。所謂的「傳法」，是將承繼的「法」傳授給弟子的儀式，不會交付任何書面的東西。沒有給予任何有形的物品，而是傳授無形的「心」。

自己從師父那邊承接了「法」，現在將之傳承給弟子，這就是佛教的「相續」（繼承之意）。現在談到「繼承」，都是指財產的傳承，但本意並非如此。

「相續」一詞是從明治時代開始被使用，針對從父母那裡承接來的財產要加以課稅，所以政府才開始使用這個佛教用語。原本的意思是傳授無形的「傳法」。

反過來說，在思考要留給孩子什麼遺產時，我想應該不是房子或金錢，應該留給孩子的就如同師父傳給弟子的，是無形的「心」。

為人父者不經意地跟孩子提及我賺了多少錢、我得到多了不起的頭銜，驕傲自滿地說「我留給你這麼多財產」。但是這些有形的東西終究會消失，頭銜在你從公司退休那一天起就會失去，家裡的錢更不可能永遠滿盈，所以該跟孩子分享的，是你走過的這段人生。

包括工作態度，相信什麼？如何面對艱難困苦？還有對孩子是抱持著怎樣的關愛之情？自己走過的人生道路，你所有經歷過的喜怒悲歡，都可以跟孩子說。

透過父母親的生活態度，孩子可以找到自己人生的啟發。謹記著雙親的教誨，困苦時也能面對。對人生而言，最重要的是什麼？自己該怎麼走才對？**能夠培養孩子生存能力的不是有形的財產，而是雙親無形的「心」**。

五十歲的人，孩子大多是高中生或大學生，此時可以稍微開始提及自己的人生經歷，即便孩子已踏入社會，也絕對不遲。這是為了讓孩子能夠獨當一面，雙親進行「傳法」的儀式。即便你的人生有多麼不堪也無妨，將經歷過的成功及失敗都說給孩子聽，如此親子間才能有所連結。

請記得，頭銜、財產無法加強親子間的情感。

Chapter

3

該開始做喜歡的事了

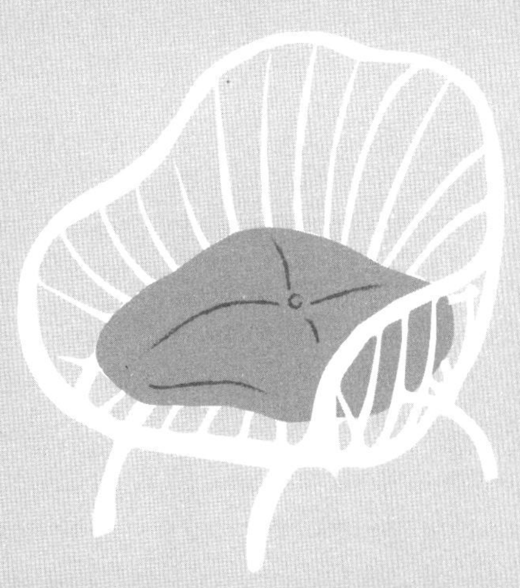

14

別浪費時間，活著就會有該做的事

「每次一到週末就覺得很痛苦的男性，比您想像中來得多喔！」本書的編輯這樣跟我說。星期六、星期日是休假日，為什麼放假還會覺得痛苦？我無法馬上參透箇中原委。仔細一問，原來事情是這樣的。

過了五十歲之後，公司裡的工作已經不如以往繁重，不需要像四十多歲時還要假日加班，可以真正做到週休二日。如果本身就有各種興趣，便能享受放假，但是沒有興趣的人就無事可做了。孩子也大了，不用出遊玩耍；太太則和鄰居朋友一起外出，只剩自己在家裡無所事事，與其這樣還不如去公司。

但最後哪裡都沒去，一整天都在看電視，百無聊賴地過一天。給自己的藉口是消除疲勞，沒想到反而更累。我覺得這樣真的很可惜，一天過了就不會再回來，你剩下的日子就少了一天，你該知道這一天有多寶貴。

無事可做是騙人的，是你沒有找事做。

該做的事何其多。如果真的不知道能做什麼，我建議可以去從事生產活動。家裡有庭園的人，可以試試看種花種菜，也可以外出散步，拍張花朵綻放的美照。做什麼事都可以。

所謂的生產活動，並不是只有具體的產出才算，我認為是運用自己的能力從事活動。例如擅長打棒球的人，可以教少年棒球隊的孩子們打球，或是陪孩子練習踢足球，也是很好的生產活動。

先把焦點轉向自己有什麼能力、自己能做什麼事。沒有一個人是什麼都不會的。

活了五十年，一定擁有自己獨有的能力。即使那份能力不能產生金錢等利益也沒關係。教孩子打棒球會得到「謝謝」的回饋，這種喜悅是金錢買不到的。

總之就是讓身體動起來，讓日子過得充實。無所事事閒散一天，不安或擔心的事一定會悄悄接近。因為什麼事都沒做，很容易就會胡思亂想，擔心明天的工作或是對還沒發生的未來感到不安。

很多的不安全感都是在閒暇之際產生。走到庭園，努力拔草吧！不要多想，就集中心思在拔草上，別讓不安趁隙而入。

什麼都不做，最虛度光陰

有句很有名的禪語「一日不作，一日不食」，是活躍於中國唐朝的百丈懷海禪師的名言。

百丈禪師年過八十仍和年輕的修行僧一起耕作，從早晨的打掃到務農，都親力親為。不過因為年事已高，弟子們都很擔心，想著至少不要讓師父種田。不過禪師不是那種會聽勸的師父，所以弟子們某天就把師父的農具藏起來，想說沒了農具就不能耕種，這麼一來應該就會放棄，讓身體好好休息。

百丈禪師莫可奈何沒去種田，但是從沒去務農的那天開始，就完全不吃飯了。弟子詢問理由，禪師的回答就是「一日不作，一日不食」。

對於禪僧而言，勞動是生活的基本，也是禪僧該做的重要事情。怠於勞動，等同於沒做到應盡的義務。該做的事沒有做，當然那天也不該吃。

對於上述說法，大家應該也曾聽過另一種解釋，即「不勞動、不攝食」。這裡所說的勞動，並不是指會產生利益的事情，你被賦予的使命或是善用自己的能力，更能稱得上是勞動。因此這句話並非是做不出成績就不能吃的意思。

你要思考的是，自己該做什麼事？能夠活用自己能力的地方在哪裡？不要計較利弊得失，能不能對誰有幫助，覺得無事可做，是因為沒有去尋找是否有該做的事。如果沒有將眼光放在該做的事和自己的能力上，人生會過得渾渾噩噩。你要察覺到，這是最浪費、最不幸的生活方式。

如果真的什麼都不想做，那跟死亡沒有兩樣。只要活著，每個人都有該做的事，這麼重要的休假時間，不要過得跟死人一樣。

15

擁有放空的時間也很重要

造訪古都，駐足於禪寺的庭園，光是感受庭園中流動的空氣，心情就會變得平和。即使沒有「禪庭園」的相關知識，也能充分享受其中的樂趣。心靈疲累時，可以試著去造訪這些場所。

所謂的「禪庭園」，是指設在禪寺內的庭園，沒有固定的形式，也沒有一定的規則，唯一的條件是為前來修行、體驗禪境的人所設置。也就是說所謂「禪庭園」，是將修行者的心靈風景具象化。

同樣的，禪畫也是指描繪修道之人的畫作。即使是知名日本畫家，用水墨畫了達摩大師像，也不稱為禪畫。禪畫必須在畫作中描繪修行者的心靈風景。

我設計「禪庭園」已有很長一段時間，這幾年來自國外的委託激增。從歐美開始，各國打造「禪庭園」的委託絡繹不絕。有時候也會有來自飯店或是個人的委託，這部分也是大幅增加。

很多委託者並不是佛教徒，所以並非是為了了解佛教奧義而想設計「禪庭園」。這讓我感受到即使不同宗教，「禪庭園」仍舊魅力無邊。即便無法悟出真義，但光是用看的就能心神安定，這是人類共通的心意。

能鑑賞「禪庭園」的機會不多，既然如此，不如自己試著來打造。將自己當時的心境，用庭園的方式來表現。如果沒有庭園，用大樓陽台也無妨。如果連這樣也覺得麻煩，那就用個小箱子也可以。總之，就是將心靈具象化，心情就會變得平靜。

以前在某電視台的企劃下，我曾教導小學生做箱庭園，在六十公分乘以四十公分的箱子裡，自由創作庭園。有些孩子鋪了滿滿的砂石，放了一朵花當裝飾，也有人剪了好幾段樹枝，插在上面當作樹林；也有些孩子是在白沙上只放了三個石頭，這些是連我都甘拜下風的創意。

觀察孩子在創作庭園的表情，皆認真無比。不去思考做得是否漂亮，也不是為了要我誇獎才動手，只是純粹專注於自己的庭園。這就是所謂「無」的境界吧！看到孩子們忘我的神態，我更覺得成人應該也來試試看。

每天埋首於工作之中，根本無法讓心靈放空。連吃飯睡覺都還想著明天的工作，愈是認真的人，擔心和不安愈多。這種狀況不斷累積，總有一天會身心俱疲。

下班回家途中，請撿幾個小石頭，放在房間裡好好觀察。每個石頭都有不同的表情，有表有裡。讓石頭在手掌上滾動，一邊好好觀察，之後再放在小箱子裡，旁邊放幾片落葉。五分鐘也好，十分鐘也罷，就專心做這件事。

在那一瞬間，日常的喧囂都會被屏除在外。

雖然只有短短的瞬間，卻能體驗到「無」的境界。

感受微小事物的存在，也是一種幸福

什麼是幸福？幸福沒有形式，不是具體的存在。幸福不是

「有」，而是要去「感受」。

將自己打造的箱庭園放在窗邊，不經意地看一眼，放在箱中的石頭正好映照著落日餘暉，直覺反應「哇！真美」的瞬間，就是幸福。體驗小小的感動與不經意的美，不斷累積美好的瞬間，就是通往幸福的最佳連結。

你是否能把眼光看向掉在路邊的石頭、河岸邊盛開的花朵、沙灘上擱淺的漂流木上？如果沒有去關注，這些風景就只是草木石頭，跟你的人生沒有任何關係。

但是一旦投入其中，就會與很多事物產生緣分，而動手結緣，又會與微小的幸福緣分相遇。我想，這就是讓人生更美好的方法。

不要被侷限，請好好享受廣義的「禪庭園」。實際上造訪也好，看看「禪庭園」照片集也可以。請從「禪庭園」中得到靈感，打造屬於自己的心靈庭園。從日常生活中創造出放空的時間，對於五十歲的人來說是絕對必要的。

16

從生活中體驗禪學

對佛教世界有興趣的人似乎愈來愈多。我偶爾也會遇到想要皈依佛門、想要拜師修行的人，理由五花八門。

有人是從年輕時開始，就一直想著某天要皈依佛門。也有人是遇到人生重大轉折，選擇遁入空門。即使理由和狀況不同，對佛門都有著憧憬。

但是修行不是輕鬆的事，也不是一時衝動就能做的事。要有多大的覺悟呢？我會花時間進行評估，然後決定是否可以提供協助。

想要皈依佛門的人，年齡層大多落在四十至五十多歲。有可能是回顧以往的人生，還是希望能走自己想走的路；或是反過來對人生感到絕望，想要活出全新自我的人。不管是哪一種，這個世代的人們，多數是站在人生的分岔路上。

五十歲後，漸漸地對佛教感興趣，某種意義來說是理所當然。累積了各種人生經驗後，突然停下腳步回顧，才發現自己一路走來，都過著不想要的人生，忍著不做想做的事，自己的人生到底是怎麼一回事，當這些念頭在腦中盤旋時，就會想要找尋寄託。

而佛教是最熟悉的寄託，說不定還能從中找到人生的答案——這個年代的人一定會這樣想。

還有一個會對佛教感興趣的理由，就是死亡。過了五十歲之後，雙親也離開人世，不得不去想下一個就輪到自己。以往覺得遙遠的死亡，現在卻近在咫尺。因為心靈深處有此感受，所以人們會開始尋找救贖。

這絕對不是軟弱，這是任何人都會有的自然反應。

那麼，要如何學佛？「想學佛要看什麼書？」「是否去上大學的在職專班比較好？」經常會有人這麼問我。

當然，如果想要學習佛教歷史的相關學問，看書或是到大學進修比較好。但是，如果不是要把佛教當成一門學問，而是為了自己的人生而學，那最好的方式就是「實際體驗」。

首先可以參加坐禪會，親身體驗坐禪。坐禪一次的時間稱為「一炷」，是一炷香燃盡的時間，大約是四十分鐘。利用「一炷」的時間，靜靜地打坐冥想，集中心神。其中確實存在一些只有經歷過才能看見的事物。坐禪有很多無法言傳，只能意會的感受。

禪的傳授基本上是「不立文字、教外別傳」。也就是禪的傳授絕對不會寫下文字，不是用大腦來認識理論，而是傳達思想用身體理解。師父不會教弟子什麼是佛，而是傳達佛心。使用全身來修行，不是靠頭腦，而是以身體來接受教誨，這才是修行。

這可能很難懂，但是卻理所當然。所謂的禪，無法靠理解去學習，正因如此，只能靠親自體驗的方式入門。

透過坐禪和抄經，感受禪學

若想學習佛教的心法，我推薦的方式還有「抄經」。「抄經」是修行之一，是指用毛筆在和紙上書寫《般若心經》等經書。聽起來好像很困難，感覺上好像要花很多時間也很費工，但實際上一點也不麻煩。

一般「抄經」常寫的《般若心經》，全文僅有二七六個字，是稿紙一張也寫不滿的字數。

雖然有很多難寫的漢字，不過不用全部背下來，不了解意思也沒關係。因為不是考試，所以只要照抄《般若心經》就好。如果抄寫也覺得難，可以到書店找那種有淺色浮水印的範本來照描。

只要照著淡淡的般若心經字跡描寫即可，任何人都可以簡單完成。完成一張「抄經」頂多三十至四十分鐘，但是在這短短的時間內卻飽含禪意，可以感受到禪的思想。

如同前文所述，除非是真正想要皈依佛門，否則任何人都可以用這種方式稍微接觸禪的世界。想要回顧自己的人生，思考未來的方向的人，建議可以坐禪和抄經。用身體去體驗，用心靈去品味，禪的世界是非常貼近的存在。

17

到了一定年紀，要更重視外在言行

佛教有所謂的「三業」，分別是「身業」、「口業」及「意業」，整頓三者正是一種修行。

首先是「身業」。如同字面上的意思，是整頓身體，用心於外在的服裝儀容。去上班的時候，穿著筆挺的襯衫、鞋子擦得晶亮、手帕替換好、頭髮梳整齊、鬍子刮乾淨。

大家一定覺得這是理所當然，但能完整做到的人並不多。

到四十多歲為止因為忙於工作，不知不覺會疏忽服裝儀容。即使西裝有點皺，反正沒有要去拜訪客戶就算了。手帕不會在人前拿出來，一天沒換也無所謂。

年輕的時候大家會比較包容，但是到了五十歲，服儀就顯得更重要了。

到了這個年齡，一定程度上會被委以重任，負責重要的客戶，也就是說代表公司的工作變多了。穿著皺巴巴的西裝去見大客戶，一定會給對方不好的印象。真的可以跟這家公司做生意嗎？這個人可靠嗎？會這樣想也是人之常情。

服儀不整的人也無法帶人。而「身業」不只是服裝儀容，行為舉止也是。隨時都要保持良好的姿勢與儀態，不要匆忙亂跑，要從容優雅。在得體的舉止中，能讓人產生信賴感與安心感。

接下來是「口業」，簡而言之就是用詞遣字。大聲斥責部屬、講髒話、模仿年輕人的輕佻語氣，這些都應該避免。

心情不好就口不擇言、對部屬愛之深責之切，所以破口大罵也無所謂——這些都是藉口。大聲叫囂、口出穢言，人一定會有情緒波動。想要冷靜責罵，心裡也會怒氣值拉滿。**當你讓情緒走在前面時，便無法真正傳達想說的事。**

如果真的為部屬著想，用詞請留意，要簡潔正確。體貼對方的心意，一定能化成語言表現出來。

如果心美人善，自然也會口吐芬芳，五十歲的人應該要將此牢記於心。而且使用優美的詞語，自己的心境也會變得平和。此外，也不要愁眉苦臉，表情柔和、說話有品，這才是年長者應有的態度。

藉由「身業」與「口業」的整頓，心自然也被調整，這和「意業」

息息相關。「整理心靈」這個說法很流行，但是不可能只整頓心靈，而且也不是馬上就能立竿見影。想要整理心靈，首先要從行為舉止、用詞遣字開始。「三業」並不是各自獨立，必須能三者兼具，才是「品德」之人。

過了五十歲要特別意識到「三業」，隨時留心注意，自然就能產生餘裕。只要心靈有餘裕，就能看見以往看不見的事物。你會慢慢發現對人們而言，究竟什麼是真正的幸福、真實的自己在哪裡。

開始撥雲見日之際，就是嶄新人生的起始。

18

懂得被感謝的喜悅

孩子還小的時候，下班途中會順道買點心回家。提著孩子們最愛的蛋糕急忙趕回去，在玄關把蛋糕拿給孩子時，聽到那一句「謝謝」。光是看到孩子們的笑臉，一天的疲勞都煙消雲散了。

不管工作再怎麼辛苦，一想到孩子的笑容，就有努力的動力。做父親的就是花自己的零用錢，也想要幫孩子買點心。

但是，這個時期終會過去。孩子上國中之後，親子間的對話也減少了。特地買了蛋糕，還會得到「我在減肥」的回應，根本不吃，當然一句「謝謝」也沒有。為人父母，一定都經歷過這種充滿失落感的時期吧！

任何人都會經歷離巢期、空巢期，再怎麼疼愛孩子，他畢竟是獨立的個體，當然他會受到雙親的影響，但是他的路和你不一樣。不論如何望子成龍，也不能要孩子做出如父母願的選擇。對於努力想要獨立自主的孩子，父母不要扯後腿，也別要他們按照你想要的路來走。

最近無法接受孩子離巢的雙親愈來愈多。早些年，父母親為了生計勞碌奔波，每天要拚命工作才得以養家活口。沒時間照顧孩子，也沒有心力去關心，就只是希望孩子趕快長大獨立，幫忙分擔家計。

無法適應離巢期的父母變多，我想是因為經濟變得寬裕所致。

不用再擔心生計後，就把精神全部集中在孩子身上了。不用趕著快點獨立，緊急情況下也有能力繼續養他；不想勉強結婚，一直住在一起也無妨——父母親的這種誤解，只會讓孩子離獨立愈來愈遠。

五十歲是絕對要讓孩子獨立的時期。孩子高中畢業後上大學或是就業的時間點，就是該放手的時候。慢慢地拉開距離，只有在孩子困難或是求助時才出手。除此之外就尊重孩子的自主性，信任他做想做的事。

雖然這樣會感到失落，也很難做到，但是這個時期如果不放手，孩子永遠無法成為自主的成人。當孩子試圖離開父母時，千萬不要在後面苦苦追趕。

孩子長大後，很難聽得到一句「謝謝」。如果會因此感到寂寞，那就去找其他會這樣跟你說的人吧！

擁有利他精神，不以自我利益為優先

人絕對無法獨自生存，必須要和很多人有所關聯才能活下去，**而最能表現出人與人之間連結的一句話就是「謝謝」。**

幫了某人的忙、被某人感謝，這對人來說是任何事物都難以取代的感受。四十多歲的年紀，相較於感謝的話語，更在意的是自己的成果，沒有被別人感謝也無所謂。說得極端一點，只要自己得利、工作順遂，即使惹人怨也不在乎。置身於工商社會，很容易會這樣想。一旦持有這種想法，任何人都不會幸福。

自己取得好成績的快樂，很快就會消失。獲利以數字的型態留下來了，內心卻沒有留下一絲喜悅，宛如大熱天的熱空氣一樣，從手掌間蒸發流失。

相較之下，幫助某人後獲得感謝的喜悅，卻能長久以溫暖的心情留於心間。五十歲後，要去追求這種真正的喜悅。

要具備「利他」精神，不以自己的利益為優先，而是同時考量對方的利益，幫助對方實現願望。你能為部屬做什麼？能為身邊的同事做什麼？做什麼能讓鄰里的鄰居們開心？要持有這些想法，並時常掛念在心。

這份用心會帶來「感謝」，而這些「感謝」累積到一定程度後，會讓人生愈來愈豐富。

請再回想起買蛋糕回家的那一天，孩子跟你說「謝謝」的那份溫暖吧！這份感謝的溫暖不只存在於育兒生活中，環顧四周，俯拾皆是。以坦率不自私的心態，為身邊的人奉獻，不要尋求有形的回報，而是追求無形的感謝，我想這麼做是通往幸福的捷徑。

19

捨棄不必要的食欲

日本有所謂「厄年」的說法（譯註：容易遭逢災厄的年紀），男性是二十五歲、四十二歲、六十一歲，女性則是十九歲、三十三歲、三十七歲，是古早以前被認為身體會產生變化的年齡。當然那是在以前的生活環境下，現在未必如此，實在無須多慮。

話雖如此，但是過了五十歲，身體還是會出現一些變化。體力開始慢慢變差，也會出現各種小毛病。如果去做健檢，各種身體指數都會有紅字。

導致身體狀況改變的最大原因，我想應該是飲食生活。僧侶在修行中的飲食，就只有蔬菜和白米，肉魚不沾。修行結束後是否回到葷食，則視僧侶的個人判斷而定。

我基本上主要是吃蔬菜和魚，幾乎不吃肉類。當然晚餐和家人一起用餐時，會為孩子準備肉類料理，那個時候我會吃一點點，並不是那麼嚴格講究。我皈依佛門的這幾十年，幾乎都是吃蔬菜和魚。

經常有人跟我說「枡野先生的皮膚真好，好通透」。不是我在自豪，我到了這個年紀也沒有多餘的贅肉，不曾感冒，身體一直很健康。我想這一定是拜長年的飲食習慣所賜。有人說「不吃肉沒有體力」，我沒有吃肉，一個月還到國外出差好幾次，進行「禪庭園」的現場指導工作。

吃太多肉會讓心態產生攻擊性。對於拳擊等格鬥競技選手，肉類是引發鬥爭心的必要食物。但是，我們日常生活中不需要鬥爭心吧！相較之下，飲食以蔬菜為主，自然心境就會安穩平和，降低發怒和攻擊性。想想我們的生活中需要什麼，自然就會有答案。

很多人健檢的時候發現膽固醇過高、高血壓等，然後就開始每天吃藥。但同時早中晚仍大口吃肉，並吞下大量藥丸，實在不是什麼健康的作法。不要依賴藥物，而是要改變飲食習慣。

完全不吃肉不太可能，也沒有必要。不過五十歲以後，一週排個兩天左右，改以蔬菜為主來飲食。例如週間選擇週二和週四，下班後直接回家吃太太做的蔬菜和魚餐點。

工作難免要應酬，也不可能全部都推掉，面對部屬或後輩「今晚要不要去喝一杯？」的邀約，更是很難拒絕。不知不覺「那去喝一杯就好」，不過應該不會只喝一杯，一定會吃些肉類的下酒菜。

這種惰性的喝酒習慣，五十歲後要盡可能節制，你可以斬釘截鐵地告知對方「今天是固定要回家吃飯的日子」。以這種方式回絕，是可以被接受的。

控制飲食，不再吃過量

飲食習慣是人類的基礎。身體不適、疾病的成因，很多都是來自飲食。盡可能以蔬菜為主，吃八分飽，重要的是不要敗給食欲而吃太多。動物吃飽後，再怎麼美味的食物放在眼前，也絕對不會去吃，貓狗都是如此，只有人類明明吃飽了，卻還繼續進食。希望大家要知道，這種不必要的欲望會對身體造成負擔。

如果還要再附加一個要點，那就是吃飯的時候，養成每一口都停下筷子的習慣。我經常只吃八分飽，但是有時候也會覺得吃太多，那就是趕時間吃得很快的時候。午餐時間只有十五分鐘，為了趕緊吃完，忙著扒飯沒時間停下筷子，結果就吃過量了。

如果午餐時間只有十五分鐘，不是把所有的時間都拿來吃飯，而是準備十五分鐘內能吃完的量就好。這樣就能慢慢享用，時間到了就放下筷子。

這樣或許會沒吃飽，目標是八分飽，結果五分飽時用餐時間就結束了。即便如此，這麼做對身體來說，遠比吃過量來得好。**控制飲食習慣不是醫師或家人的責任，而是你自己該做的事。**

20

「空腹」讓大腦更靈光

我在行腳修行的時期非常刻苦，凌晨四點起床先坐禪，之後是早課，然後開始打掃寺院內外。隆冬之際也是光著手腳，常凍到沒有知覺。不過即便如此，也馬上就習慣了，最辛苦的反而是飲食。

肉類當然不能吃，蛋白質的攝取只靠豆腐或少許的豆類。每天攝取的熱量大概在七百卡左右，成年男性平均應該是兩千五百卡，所以只有約三分之一。對於年紀尚輕的修行僧來說，飢餓感簡直如地獄般襲來。

在這種飲食狀態下，剛開始行腳修行時，修行僧幾乎都會營養失調，或是出現腳氣病的症狀。

我也是開始修行後不到一個月就營養失調。因為營養不夠，所以血液循環也不好，結果雙腳發紫，之後變得異常腫脹，總是感到麻痺，連爬樓梯都沒辦法。

一旦罹患腳氣病，腳的皮膚會開始軟軟浮浮，手指按壓下去不會回彈，感覺身體都不是自己的了。

可是一個月、兩個月後，很不可思議地身體就復原了，也能忍受那麼痛苦的飢餓感。那時我才真正體驗到，原來人類的適應能力如此強大。

我不知道行腳修行是否可以作為參考，但是有聽說歐洲等地已重新定位斷食療法，這種治療方式已經過醫學驗證。人體藉由斷食，會讓細胞機能暫時下降。因為免疫力低下，體內不好的部分會更加惡化，這也是理所當然。

但是，細胞的機能下降到一定程度後就會停止，之後會反彈強化，免疫力也會比以前更好，有時甚至能治好原有的疾病。也就是說藉由斷食，可提高人類原本的自然治癒能力。不過，這種療法必須在醫師的指導下進行。

日常生活中很難做到完全斷食，更何況，隨意操作也會有危險，所以對人類來說，行腳僧的飲食方式已經非常足夠。

一日斷食，讓注意力更集中

不妨試著每週選一天，當天僅攝取七百卡。早上喝一碗粥配梅干或芝麻鹽，午餐是飯及味噌湯和醬菜，晚餐則是白飯配燉煮蔬菜和味噌湯。一開始會餓得受不了，但是持續半年後，身體就會習慣。一週只有一天，對健康不會有損害，還能養成「輕斷食」的習慣。

雖然知道斷食對身體很好，但是意志薄弱無法執行的人，可以找幾位「斷食夥伴」。拉家人一起做可能有難度，可以試著找同事，與年齡相仿的他們一起進行週末斷食。

每個人將週末的飲食內容記下來，星期一時再互相分享心得，是否會餓、飢餓感會帶來什麼困擾等，互相鼓勵就辦得到。

人的身體一旦不攝取過多食物，頭腦會更加清醒。在飽腹的狀態下無法思考，空腹會讓腦袋靈光，神經更加敏銳，也能提高注意力。注意力一旦提高，會忘了飢餓感，這是我自己修行的經驗。

不管怎麼說，現代人很明顯的就是飲食過量。人體會有追求輕鬆的傾向，空腹很痛苦，想要不痛苦就會往輕鬆的方向靠近，不知不覺就吃起來，這種過食的行為非常傷害身體。

「早上只有吃粥，我快餓死了。」空腹不會致命，人一兩天不吃是不會死的。為了填飽肚子吃大碗的豬排飯，還比較接近死亡。

Chapter 4

開始學會捨棄及放手

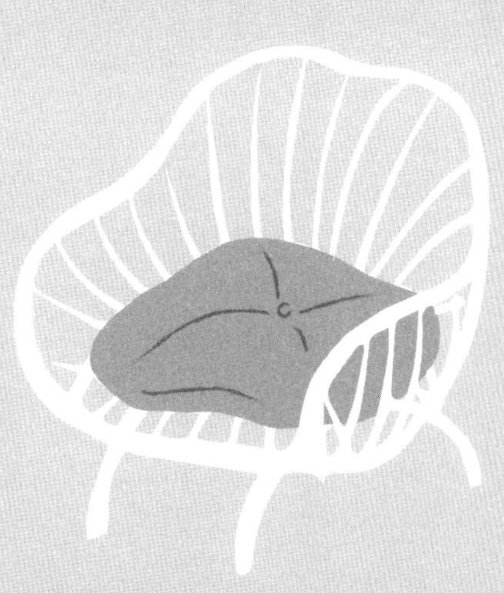

21

開始為「捨棄」做準備

即使六十歲從公司退休，有些人仍會執著於以前的生活方式。像是隨身帶三支手機、電腦經常換新機型、想要獲取資訊所以訂了三份報紙、買書多到浪費的程度等。

當然，上述行為如果有必要，或者與下一份工作有關聯也就罷了，但實情並非如此，只是執著於過往的自己與生活，無法接受現在的自己。

這種人生稱不上幸福。

為了避免淪落到這種境地，我認為，五十歲應該開始思考「捨棄」。請試著審視自己的身邊，八成是東西多到滿出來的狀況吧！家裡有三台電視，孩子搬出去之後，其中兩台就沒在看了；雖然買了最新機型的電腦，但是家裡沒有人會用；不論是衣服或是和工作相關的物品，很多都是不需要的東西。

總有一天會派上用場、或許某天會用到，雖然這樣認為，但高達九成的物品都是沒有用到就被丟掉了。到四十歲為止還是必要的東西，一定也有現在已經不需要的。五十歲後，是要考慮這些的時期了。

人的心總是會被物品所牽絆。得到了一個，必然還想要再有一個，也會想要新的東西。雖然理智很清楚沒有必要，但是卻會輸給欲望，這就是物欲的恐怖。

充滿物欲的人生，絕對無法使心靈安寧。獲得的滿足感在一瞬間就會消失，留下的只是執著的心及深深的欲念。

僧侶會特別注意在生活上要盡量減少物品。當然活在現代社會，不可能拋棄一切，手機、電腦是必需品。**但是在面對物品的時候，要隨時去思考對自己而言，是否真正必要。**

開始斷捨離，避免被物品淹沒

我在購物時，會將物品分成三大類，第一類是一定必要的東西；第二類是如果有會很方便，沒有也可以的東西；第三類則是明顯不需要的東西。然而實際上會購買的只有第一類，第二類和第三類即使有點想要也不會買。只要留意這個原則，就不會被不需要的東西所淹沒。

物品斷捨離的原則也相同。首先，將身邊的東西分類，絕對必要的排第一，哪天或許會派上用場的排第二，丟掉也沒關係的排第三。自己一個人在分類時難免會太寬鬆，可以請家人陪同。只留下第一類的物品，第二類、第三類都丟棄。或許你會覺得很可惜，感到依依不捨，即便如此還是要放手。

唯有下定決心放手，你才會看到真正需要的東西。例如同時有三支手機，保留著不會響的手機，心也會被過往所束縛，放手才能逐漸淡化對過去的執著心。盡可能排除不需要的東西，這也是屬於禪的生活。

「等退休後再來進行斷捨離」，一旦出現這種想法，東西就更不可能被處理。因為退休之後才丟，代表不可能再取得。如果是五十歲來做這件事，還有可能可以再次取得，像是三支手機就算停話一支，如果有需要，還是可以再續約。但是過了六十歲，根本不可能再有第二支、第三支手機，這種失落感會讓人對於斷捨離更加猶豫不決。

正因為五十歲是還能在社會上活躍的年紀，所以可以大膽放手。從這層意義上來看，五十歲是卸載多餘物品的最佳時期。

22

欲望愈多，煩惱愈多

人生在世總是有各種欲望。除了生存必要的食欲、睡眠欲之外，還有很多與生存沒有直接關聯的欲望。為了滿足這些欲望，我們會發揮超乎常人的力量，或者是拉踩他人、傷害他人。無謂的欲望愈多，會活得愈辛苦，但多數當事人不會意識到問題，仍盲目追求眼前的欲望。

僧侶之所以修行，就是為了要去除無窮無盡的欲望，即便如此，要超脫一切還是非常困難。正因為如此，修行是要持續一輩子的事。

對於一般人而言，也不可能屏除所有欲望，也不需要做到這個地步。只要還在社會上走跳，一定會萌生欲望，為了滿足欲望，就會有努力的動力。聰明地與欲望和平相處，便可使其成為提升自我的工具。

例如，在公司會有把工作做好的欲望，這是因為希望能有好的績效，所以會更努力。一旦考績好，薪水會變高，而想要薪水變高是為了給家人更好的生活。只要是在社會上工作，便很難擺脫這種欲望。

生了孩子就會想要搬到大一點的房子，最好還是自己買的；等到新居落成，也開始想要買新車；一年想帶全家出遊一次、生日想買禮物給家人，當然還想讓孩子上大學，欲望愈來愈多。

面對無窮無盡的欲望，能夠全部如願的人寥寥無幾，大多數的人都是處於無法滿足的狀態。

蓋了自己的房子很開心，但是還貸款時很吃力，因此沒有閒錢去家庭旅遊。工作考績沒有比預期中來得好，因此與晉升無緣。當自己離想像中的規劃愈來愈遠時，面對無數個無法如願的欲望，只能茫然地保持現狀。這樣的狀況，只能說是欲望招致的不幸。

五十歲過後，請整理自己的欲望清單，把長久以來的欲望都列出來。四十歲之後狀況會改變，應該會有很多已經不是必要的欲望。

例如，一年一次家庭旅遊的欲望，在孩子們獨立之後就不需要了，也不用開大車。飲食方面，相較於高級餐廳的套餐，還不如太太的手作料理比較健康。西裝穿現有的那幾套即可，領帶不需要再買新品來替換，鞋子只要好好保養，也還可以繼續穿。

將目前為止的欲望列出來，就會了解到有多少沒有用的部分。的確，年輕時或許很需要，但是不代表五十歲過後也會需要。延續欲望等同於延續痛苦，什麼都喜歡、什麼都想要只會更辛苦，不需要的東西就大膽捨棄。

在物質氾濫中生活，總有一天會無法喘息，而無法滿足的欲望，有一天也會讓你窒息。

人到中年，不該再被欲望追著跑

在公司和工作上也是同理可證。以往只會追求自己的績效，想要在工作上有好表現、想要晉升，這是很多上班族的欲望。到四十歲為止還無妨，可以為了滿足欲望拚命努力，但是到了五十歲之後，對待欲望的模式已有改變。

焦點會從想要有成果、追求高績效，轉移到年輕一輩身上。不再只想著自己，所以力求表現，而是盡力想把部屬和後輩帶起來；不是為了自己的考績好而高興，而是為部屬有好成績感到喜悅。不是為了自己和公司，而是為了肩負未來時代的人才盡心力。這才是五十歲該有的姿態。

當你出現這種心態時，就會變成大家需要的人。俗諺云：「慈悲不是為了他人。」意思並不是「不要為了他人而有慈悲心」，而是「你對某人慈悲，就會形成善循環，回到自己身上」，也就是所謂的「利人利己」。

公司也一樣。你為部屬或後輩盡心力，結果並不是只有部屬好而已，這份謝意必然會回到自己身上，讓你感受到被需要、被感謝的喜悅。當你將目光轉向這種喜悅，那以往的欲望也就相形失色了。

現在就把你有的欲望寫下來吧！你一定會發現，有八成已經不需要了。在發現到這一點的時候，新的人生也將展開。

當你轉變成上述情形時，表示已卸下名為「欲望」的心靈包袱。

23

經歷、職位總有一天要放手，何需執著

五十歲過後，在公司裡的位階開始有了落差。能力出色的同事，有些已經爬到董監事的位置，有些則是部長，有些則是萬年課長，但也有人是長江後浪推前浪，被後輩追趕過。在晉升的路上，幾家歡樂幾家愁。

以我的觀察所見，職位愈高，對於頭銜就會愈執著。自己坐上了部長的位置，無論如何都不想要放手。即使後輩追趕上來，絕對不會讓出位置的態勢非常強烈。另一方面，被排除在晉升之外的人，反而過得比較自由。既然已經無法更上一層樓，那就不要再執著於公司，嘗試去做些自己喜歡的事。這種具有正面意義的放棄，讓心靈也因此得到解放。

當然，放棄晉升並不是指在工作上混水摸魚，而是和公司保持一點距離。

我不太懂執著於部長位置，絕對不放手的人的心情，但是希望他們能夠好好想一想。現在你坐的位置不可能永恆不變，一旦退休，百分之百會失去這個位置。不管是董事也好、社長也罷，都不是一輩子的事，有一天一定要把位置讓出來。

雖然很清楚這一點，頭腦也很明白，但是心裡卻不肯承認，反正能多做一年是一年。或者認為至少做到部長，離開公司後一定也會被尊敬。總有人是存在這種巨大的誤解。

在公司的自己，不過是一種假象，部長的職位也只是公司給予的一種職務角色而已。如果只在意這個假象，總有一天會連自己都失去，看不到真正的自我。**只有公司的人生，無法成為自己的人生。**

你要意識到，現在的自己只是一種假象。尤其是五十歲過後，更要客觀地看待假象。對客戶低聲下氣、要部屬照自己說的去做，這類情況只會發生在名為公司的世界裡。一旦你把名片還給公司，客戶馬上就會忘了你，部屬也會聽從新主管的指示，這不是理所當然的事嗎？

你確實會失去部長的位置，既然明白，為什麼還要這麼執著？與其在意不確定的事物，還不如去尋找確定性的自我，找出永遠不會消失的自我能力。五十歲後，應該把心思放在這裡。

人的過去雖重要，但不要因此被束縛

那麼，確定性的事物是什麼？即自己喜歡的事，一輩子可以持續做的事。這些事可以是寫歌，也可以是畫畫，請找到想要鑽研一生的事。沒有優劣高低，也不需要跟誰比較，就只是去找你想鑽研的事情。

等六十歲退休後再開始找就太遲了。昨天還執著於部長位置的人，不可能馬上就換腦袋，改變想法。

有些人總是會被「自己曾經是部長」的自尊心所牽制，心態總是離不開公司。這種狀態如果持續好幾年，才真的是浪費人生。在變成這樣之前，先逐步讓自己從公司裡解放出來。在公司的時候是部長的面孔，離開公司後請變回原本的自己，這種訓練從五十歲就要開始。

職業生涯所打拚的一切，包括工作上的經歷、頭銜等，不需要否定這麼努力的自己，但是不能把這些當成人生的負擔。

被過去的自己所束縛，就會成為未來的累贅。想要充實人生後半段，請先卸下以往心靈的負擔。

有句禪語「下載清風」，意思是載滿貨物的船隻，載浮載沉的努力航向港口，因為船很重，即使有風吹也跑不快。到港之後將沉重的貨物卸下，輕巧的船隻只要微風就能快速前進，而這種輕快是非常自由自在的心情。這句禪語是教導大家，唯有卸下心靈多餘的負荷，才能自在生活。

五十歲開始，是讓船卸載的時期。養家活口的負擔變輕，經濟上也比較寬裕，再加上還有體力和精力，想做什麼都沒問題。

難得可以輕鬆自在的時期，就不要再刻意執著於公司的位置。不要想著要怎麼守著部長的寶座，而要想著如何交棒給下一個人。更進一步來說，至少要有這種念頭，就是早點把貨物從船上卸下來。

假象不會永遠持續，也不會讓你未來的人生變幸福。會讓你感到幸福的，是存在心中的真我。

24

不強求緣分，合則來、不合則去

我們活在世上，因緣而生。親子緣、家族緣、夫妻緣、學校緣、地區緣、工作緣等，實際上在生活中也不斷結緣。

在所有的緣分中，對於長年在公司上班的人，因工作結緣應該占大多數。請試著想想身邊的人際關係，你的至交、朋友、夥伴是不是幾乎都是透過工作的關係結緣？身處的場域不同，也決定了不一樣的因緣，這也是理所當然。

那麼就來聊聊透過工作結下的因緣吧！結緣的契機恐怕都是來自於利弊得失的衡量，像是和這個人來往對公司有利、和這個人建立人際關係能提高自己的身價。或是即便沒那麼喜歡對方，也會因為有利可圖而無法斬斷緣分，強忍著維持關係。說起來有點傷感，但這就是身為社會人士的無奈。

就把五十歲當成一個契機，慢慢地開始整理緣分。不要再去尋求過多的新因緣，而是只跟想交往的人結交。**不要勉強維繫人際關係，也不再以利弊來判斷，跟自己喜歡的人結緣就好**。光是這樣想，心情就會輕鬆許多。

話雖如此，也不是要大家任意切斷緣分，不需要大肆宣告「我不想再跟你往來」，就交給時間慢慢淡化即可。

因緣非常不可思議，抱持著「我想要結緣」的念頭，自然就會有所連結。當我們有著「我想要珍惜跟這個人的緣分」的心思時，對方通常也會如此。相反的，感受到「我不想跟那個人來往」的信號時，自然也會遠離。這就是所謂的心領神會。

即使沒有付諸語言或行動，會持續的緣分仍會持續，會切斷的就會自然離去，順應自然的走向就好。

順其自然，不強求緣分

年少時因為好惡分明，無法順應這種走向，總是因為受利弊得失影響。由於違逆了自然的走向，人際關係也徒增壓力煩惱，一言以蔽之就是勉強而為。五十歲之後，就停止這種勉強吧！逝者不追，來者不拒，因為已經到了可以用隨喜態度去結緣的年紀。

好不容易來到可以自由結緣的年齡，結緣時，要考量未來的人生，不要只著眼於工作的因緣，請把心力也放在私人的因緣上。

像是脫離職場，多去同好會之類的場合，或是參加地區性義工、社團活動等也不錯。先找好退休後還能長期往來的朋友，這一點也很重要。

因工作所結下的緣分，也會隨著工作結束而畫下句點。雖然跟部屬或後輩說「退休之後別忘了找我喝一杯」，但是這種約定通常沒什麼下文。與其掛念這種不會兌現的承諾，還不如去結交讓自己舒心的緣分。

五十歲後，差不多是「盤點緣分」的時期了。

25

摯友不需多，一個就足夠

近來透過SNS等通訊軟體溝通的人愈來愈多，每個人每天都會跟幾十個人用手機或電腦交流。以資訊交換的角度來看很便利，但是卻無法建立深入的關係。

收到短訊馬上就得回覆，晚回覆對方就會不舒服，也有人會以能和多人短訊通信而感到自豪，這種生活實在是很不可思議。

我覺得很多人都有著朋友愈多愈好，朋友少代表沒身價的迷思。

如果小學生、中學生還說得過去，但是到了成人階段，還在比拚朋友的數量，實在是太滑稽。

在SNS上認識的人，可以稱之為朋友嗎？沒有面對面講過話，或是只有一面之緣，這種算不上是朋友，只能說是熟人而已。彼此不會講真話，也不會推心置腹，這種人認識再多，也不會讓人生變豐富。

然而，你卻為了要跟熟人維持關係而耗費精力。

如果目的是對工作加分，那多增加幾位熟人無妨。但若充其量只是熟人，就不要期待有朋友般的互動。能夠推心置腹的朋友，在結交上並不容易，且也沒有那麼多。

能說真正想說的話，能彼此了解，這種朋友有一個就足夠，如果有兩個那就是賺到了。過了五十歲之後，請看看你身邊，到底還有幾個知心好友？在公司建立的人際關係，真正是朋友的有幾個？等回過神來才會發現，一個也沒有。

有句禪語說「一個半個」。即道元禪師自海外歸來時，對天童山的如淨禪師說「接得一個半個，勿致吾宗斷絕」。這段話的意思是「真正能傳法之人，數量少也無妨，不需要傳給很多弟子。但是如果你認為這個人是弟子，就要毫不遺漏的全數傳授，這樣才是不會斷絕所學的最好方法」。

要傳法給很多人很難，因為每個人的悟性不同，再怎麼努力傳法，也還是有無法領略之人，勉強的結果就是什麼也學不到，所以只要將所學傳給值得信賴的人即可。

不需和所有人都深交

朋友也是一樣。有些人每天都會交談，但總是不能心意相通，無法傳達自己真實的想法，也感受不到對方的心情。想法和生活方式不同，本來就無法互相理解。身處於同一個職場，只要價值觀不同，再怎麼努力也無法彼此認同。

像上述的對象就可劃分為「熟人」。既然無法要求再多，那就不需要建立更進一步的關係，維持表面的交往就夠了。所謂表面的交往，容易讓人有負面的印象，但絕非如此。**高明的維持表面關係，對於成年人來說是理所當然的事。**如果因為無法互相了解就起衝突，那社會就無法運作，所以人際關係的區分有其必要。

但是，任何人都還是需要一個知心好友。學生時代的同學也好，長年一起共事的夥伴也可以，找一個讓你覺得「非他莫屬」的朋友。只要一個就好，請找到一個可以讓自己真情流露的朋友。

到目前為止，跟自己有往來的人當中，一定有真正的朋友。沒有長期在一起沒關係，兩個月見一次面也可以。

到了五十歲，已建立很多人際關係，應該也培養出識人的眼光，能從相關的人中，找到能跟自己推心置腹的朋友。請相信自己的眼光，去洞察今後的人際交往吧！試著在眾多熟人之中，與少數朋友建立深入的關係就好。

五十歲過後，如果還想著讓一大堆熟人了解自己，光忙這件事人生就結束了，完全沒有意義。

26

易怒者的特徵

請看看公司裡那些五十多歲的主管，是不是有人屬於容易發脾氣的類型，明明以前工作都很穩重，但過了五十歲當上管理職，馬上就變成大怒神。我們很常聽到這樣的例子。

請好好觀察這些翻臉跟翻書一樣快的主管，恐怕是自己什麼都沒有做的人。明明只出一張嘴指揮，當部屬犯錯或是沒有聽從指示時就會大聲斥責。當然這也是主管的職責，某個程度上來說也是莫可奈何。

但其實容易生氣的原因更為深層。為什麼人會發怒？是因為事情沒有按照自己所想的發展。

不過，沒有人會對自己犯下的錯誤發怒。即使因為自己的緣故，導致事情進行不順利，也不太會有憤怒的情緒。也就是說當自己是行動主體時，就不會容易生氣。

常說上了年紀就容易生氣，原因在於隨著年紀增長，自己做不來的事情變多了。日常生活中需要別人幫忙的事情愈來愈多，沒辦法只好找人幫忙，但是卻又沒有如自己所願完成，這會變成壓力而導致情緒失控。

做家事也一樣。一直吃不上晚餐，終於忍不住發脾氣的丈夫，對太太怒吼「還沒煮好？」一句話就讓快樂的晚餐化為烏有。

有力氣因為對方動作慢而生氣，還不如動一下自己的身體，詢問太太「有沒有什麼可以幫忙」，可以從簡單的切菜下手，試著一起準備晚餐。這麼一來，憤怒的情緒馬上煙消雲散。因為全部都交給妻子去做，反而會有怨言。自己什麼都沒做，晚餐一直沒準備好會感到很焦慮。既然這麼焦慮，那就起身動手。

不要一開始就否決，先認同再建議

再回到公司的話題，老是焦躁暴怒的主管，也得不到部屬的尊敬。而焦慮不安的主管本人，說不定也很討厭自己這麼會發飆。

為了避免成為易怒的人，先從學會道謝做起。部屬來報告工作進度，但是沒有按照指示去做，此時不要馬上變臉，而是先說一句

「辛苦了」。

在「辛苦了」之後再接著說「不過這裡做得跟交辦不一樣，請再重做一次」。對於主管的慰勞之詞，應該沒有部屬會感到不舒服。

沒有說任何慰勞的語句，劈頭就說：「這不是跟我交辦的不一樣嗎？給我重新做一次！」部屬的反彈可想而知。工作的目的是要有好結果，這是主管的職責，發脾氣可不在職責範圍之內。

實際上，美國心理學也有做過同樣的溝通技巧研究，稱之為「ADD ON」溝通。所謂的「ADD ON」就是「附加」的意思。假設對方有所主張，而自己對此另有看法，此時如果直接說「你這樣想不對」，那對方也會變得情緒化。

比起直接反應，應該說「很好」來接對方的想法。當對方聽到「很好」時，會因為自己的想法被接受而感到開心。當對方有了接受的心情，你之後說的話他才會比較聽得進去。

「真的是這樣呢！但是我想另一個方法也是可行的。」這就是「ADD ON」溝通法，跟佛教的「愛語」相同。首先要讓對方接受，說一些為對方著想的話語，例如「謝謝」、「辛苦了」之類柔性的語句。這些感謝的語詞，正是緩解焦慮的最佳良藥。即使文化不同，人心也是一樣的。

27
不要比較

我因為在大學執教，所以經常會有學生來做求職諮詢。看到他們的求職活動，發現有一點我比較在意，那就是他們很會比較。

例如，我有個學生想要到設計公司上班，理所當然會收集很多資訊互相比較，選擇適合自己的公司。但是在收集設計公司的資料時，也看到汽車製造業的資訊，這麼一看覺得汽車製造也很有趣，而且薪資又高，那還是放棄設計公司，去找汽車業的工作好了。然後接下來又看到食品製造業的資訊。

由於不斷反覆，導致求職活動無法聚焦。也就是在比較之中，變得很難找到自己真正想做的事。在資訊爆炸的年代，這可說是個陷阱。

將很多事物放在一起比較，並從中做出選擇，其實是非常困難的事，心理學家也證實了這一點。例如去買筆記本，到店裡一看只有三種款式，這時候人們馬上可以從三種之中選擇一種。即使對款式不甚滿意，還是能從三種中做出選擇。

可是如果到店後發現有五十種筆記本，看起來似乎都不錯，就會變成無法下定決心。選擇障礙的結果就是「考慮後再買」，結果兩手空空走出商店。你是否也有這樣的經驗？**當選擇太多時，人們反而會不知道怎麼下決定。**

學生求職的時候也一樣。收集資訊不是一件壞事，但是如果不需要的資料也蒐羅進來，反而會讓腦袋更混亂。看不到自己真正想做的事，注意力全部都被眼前的選項所吸引，只是不斷的在比較。

上述狀況也適用於五十歲的人。有人過了五十歲還創業成功，也有人提早退休開始田園生活。各種生活方式透過媒體傳播開來，看著看著就不禁好生羨慕，自己也想要仿效。因此也會產生錯覺，認為人生的選項無限多。

「剛好運氣好」而開店成功、「目前為止」開始過著幸福的鄉村生活，這都只是一小部分的人生斷面而已。那些失敗、不幸的案例都沒有被媒體披露，所以不要被這些人云亦云的資訊所迷惑。

的確過了五十歲還有很多選擇，但是這些並不能拿來比較，重要的是你自己想要怎麼活。把別人的生活方式放在眼前，然後跟自己的比較，如此並不能確立自己的生活方式，這樣做不會幸福。

和自己比較就好

五十歲過後，請不要再隨便跟別人比較。好好地看看自己，要對自己的生活方式感到自豪並有覺悟。即使有很多讓人眼花撩亂的資訊，也不能被混淆。

光是收集比較的材料，也不能藉此找到自己該走的路。別人是別人，自己是自己，請將此概念銘記在心，五十歲後的人生才會變得豐富。

仔細想想，不安、不滿又或者是忌妒、執著心，這些都是因比較而產生。跟同期進公司但晉升較早的同事比較，會感到不滿。若只在意世界上的平均值，就會覺得不安。「比較」會不斷產生負面的情緒。

現在是資訊氾濫的年代，也是容易比較的時代，正因為如此，才更要能把持自己。年輕時不知不覺就會想要比較，以當時的情況來說，「比較」有時也會成為向上的動力。不過，現在已經不是那種年紀了。

不要和他人比較，請拿昨天的自己和今天的自己相比就好，用一年前懷抱的熱情和目標與現在做比較，這才是五十歲後該做的事。你應該拿來比較的對象是「自己」。

28

有些事，煩惱也沒用

人生在世就會有各種煩惱，沒有人完全無憂無慮。道行再高的僧侶也會有煩惱。

而人們的煩惱可以分為三種。第一種是透過自己的努力就可以解決的煩惱。自己的工作能力不足，認真也得不到好評價，如果你煩惱的是這種事情，那就是還不夠努力。

大家的工作能力並沒有太大的差距，有時候會出現天才，但也只是鳳毛麟角，九成的人，能力都大同小異，會產生差距的，只有努力程度。

如果你煩惱自己不被肯定，那就仔細觀察績效好的同事，分析彼此之間的差異，然後再多加把勁。拚命努力可以解決很多煩惱。

第二種煩惱是不必要的煩惱。例如想要買新車，但是現在沒錢，那該怎麼做才好？只能說這是很膚淺的煩惱。有時間煩惱這些事，是在浪費人生。

或者，有人是煩惱未來。如果被裁員怎麼辦？退休後沒有足夠的錢來生活怎麼辦？生病了怎麼辦？操煩沒有發生的未來，這也是沒必要的煩惱。對未來不安、煩惱是人們特有的習性，很難全部根除。即便如此，當煩惱浮現時請告訴自己「到時候再來想辦法吧」！

第三種煩惱是靠自己也無法解決的煩惱。

例如家人生重病、發生不幸事故、遭逢災害而失去家園等。事情發生後，我們無法怨誰，靠自己努力也無法解決，也就是所謂的沒道理的煩惱。這種煩惱對我們來說，可算是最辛苦的一種。

活了五十年，難免會遇到這種沒道理的事情。完全不是自己的問題，卻突然遭逢變故，難免會產生想要放棄人生的想法。這種時候請不要有無謂的焦慮，而是順其自然。

我想送一句禪語「任運自在」給大家。禪宗的想法為「世上萬物都自行運作」，以大自然來說，春來植物發新芽、夏日花朵自盛開、秋天果實纍纍引蟲鳥、隆冬樹枯葉黃落，這些全部都是自然的安排，人類無法插手。這是超越人類能力的巨大機制，你只能順其自然。

發生沒道理的事，所以有了無能為力的煩惱，但這些終將會過去，現場什麼都不會留下。不必無謂地掙扎痛苦，只要靜靜地將命運交給天意就好。對於人類智識不能及的事物，你無計可施，唯有接受才能活下去。

Chapter 5

來到最適合的位置

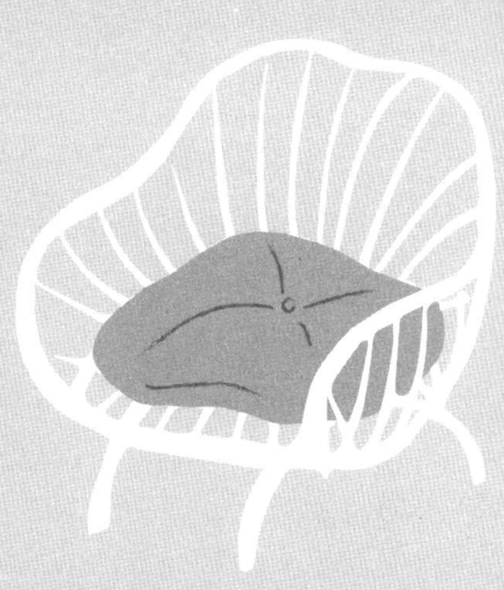

29

每個人都有與生俱來的天職

曾經有人問我：「和尚會退休嗎？」

僧侶沒有退休，應該說僧侶不是職業。

所謂的僧侶是受戒、遵守佛道修行的人或團體。他們講述人生之道，人應該怎麼生活、要如何消除煩惱。為了要成就被賦予的生命，要考量哪些事情？窮其一生不斷探究，並向市井人群傳道說法。這是僧侶被賦予的職責。

僧侶過世稱為「遷化」，意思是即使到另一個世界，也會在那個地方繼續講道。這一世職責完了，在另一世仍是同樣的職責。也就是說對僧侶而言，死亡只不過是換個道場，而職責是永續的。

我認為任何人生來都有被賦予職責。為了要完成被賦予的職責，所以從事各種行業。一輩子都從事製造物品的人，一定是生來就被賦予這項職責。無論本人是否有意識到，自然而然都會被引導到該扮演的角色。

這並不只是職業的選擇。例如被賦予領導眾人職責的人，會成為公司的經營者、主管。具有支援職責的人，會從事如店長之類的工作。具有幫助他人職責的人，會成為消防員或護理師。

但是自己被賦予什麼職責？若能找到也就能活出自己的人生。五十歲後請停下來思考，「自己的人生究竟是什麼」、「自己很慶幸能做這份工作嗎」、「自己該盡的職責在哪裡」。是否還有別的路？是否有其他更應該做的事？已經到了思考這些事情的年齡了。

如果你問我：「我在這間公司一直做同樣的工作，究竟是不是我的天職？」我會這樣回答：「是的，這正是你被賦予的職責。」

這不是安慰或敷衍之詞。在同一家公司任職三十年，同一份工作持續了三十年以上，這不是件容易的事。為什麼能夠克服困難痛苦一路走來？所以這份工作正是你被賦予的職責。

如果這份工作不是你的天職，應該不可能持續三十年，一定會轉換跑道。

有人會說「現在的工作我討厭得不得了，好想趕快換工作」。但是如果打從心底厭惡那份工作，再怎麼忍耐也無法持續，會邊抱怨邊做，是因為這份工作有你的職責。無法在這份工作中找到自我認同的人，會更輕易地換工作。

你要相信自己正在做的工作，一定有你被賦予的職責。工作難免不順，會有想離職的時刻，即便如此還是繼續在崗位上努力，我認為這樣的人生很棒。

如果到了五十歲仍然出現「這樣做好嗎」的迷惘，那就會抱持著這份迷惘直到退休，所以請好好重新審視自己曾做過的工作。還在職的時候，往往會從利益層面看工作，只要還在組織裡，就很難跳脫這個角度。也就是說，無法坦率地面對工作。

退休後，還是能找到喜歡的事

退休後不需要再顧慮利益，可以再次審視自己曾做過的工作。

請把目光集中在確實存在的職責，這麼一來也能發現新的天職。

例如，曾做過玩具製造商的研發，每天為了研發玩具而努力。有時候會有「這真的是為了孩子而做的嗎」的疑問，但因為牽涉到公司的利益，只能繼續研發。每天這樣拉扯，原本很喜歡玩具也變得討厭了。工作也會有這一面。

正因如此，退休之後想按照自己的想法做玩具，賺不到錢也沒關係。做出讓孩子真心喜愛的玩具，免費贈送也無所謂。或是開放家裡的房間，讓孩子們來玩自己做的玩具。看到孩子們開心的笑臉，一定能感受到自己被賦予的職責。

話題可能會變得有點複雜，不過如同僧侶的職責是死後仍會延續，每個人的職責也是如此，並不是從公司退休之後就結束，也不是死後就告終，所以要找到可以持續做下去的事。

每個人一定都會有職責。五十歲過後，在思考「自己該做的工作是什麼」的同時，也要考量「自己應盡的職責是什麼」。浸淫在公司許久的自己，是該把一隻腳踏出公司以外的領域了。

30

懂得輕重緩急，更會利用時間

工作時間的運用方式，或者是對時間運用的意識，會隨著年齡有很大的改變。

例如二十多歲的時候，對於主管交辦的工作會聚精會神地完成。「今天要結束」、「這個星期內要做完」，為了完成接連不斷的指示而拚命。完全沒有想到要怎麼創造時間，而是每天都被時間追著跑。這個時期在工作學習上有其必要性。

到了五十歲，稍微能夠有點餘裕，因為已有技能在身，自己能夠掌控工作的時間。在完成交辦的工作後，還能去參與新的項目，是活躍於公司第一線的時期。

三十歲過後進入四十歲，換成站在管理部屬和後輩的立場，轉換為交辦工作的角色，這又是一大挑戰。自己動手數小時就能完成的工作，交辦給部屬做卻要花一整天，但是為了要培育部屬，還是要放手讓他處理。雖然自己不會被時間追著跑，但總是覺得時間不夠用，這應該是最辛苦的一段時期。

那麼過了四十歲進入五十世代，很多人都離開最前線。雖然不是離開現場，但是像以前一樣被時間追著跑的狀況少很多。因為有技能也有經驗，二十多歲時要做一整天的工作，半天就可以結束，當然時間上就會有餘裕。

如果是三十至四十多歲，當你有了半天的空閒時間，絕對不會浪費，而是嘗試在這段時間內塞入新的工作。既然已經完工了，就該馬上開始下一個案子。這是身處第一線上班族一定會有的想法。

但是過了五十歲之後，對於空出來的半天時間，可以改變既定的作法。出現空檔時不是塞進新的工作，而是保持空白。為了激發出工作上的新創意，會把時間花在逛美術館，或是去看場電影。

乍看之下好像很浪費時間，但是這麼做可以提高、加深工作的品質。對工作的講究，從量轉換成質是五十世代該做的事。

年紀到了後，反而更懂得運用時間

以我來說，很多編輯會來拜訪，討論下一本書的出書計畫。有二十多歲的編輯，也有四十多歲的，大家都為了做一本好書而來開會。對工作的熱情和對出版的心思，大家都是一樣的。

但是年齡不同，還是有些微差異。例如開會的時間是兩點到三點，共一小時，三十或四十多歲的編輯，在寒暄過後馬上就會進入會議，開始拚命說明企劃，表達「我們希望您寫這樣的書」。眼看時間到了三點，就會開始收尾，以「就是這樣，拜託您了」來結束。當然這是對於無法延長會議時間的我的貼心之舉，對我幫助很大。

但是，很多五十多歲的編輯在時間運用上很悠閒，他們不會馬上進入企劃主題，而是開始閒話家常。即使過了會議結束時間的三點，也會完全無視時間繼續聊下去。在我說「差不多該告一段落」之前，都是很專心地在高談闊論，有時候已經超過三十分鐘。

當然沒有孰優孰劣。只是說五十多歲的編輯，是不是在胡亂地浪費時間呢？

在閒話家常的同時，不知不覺地將話題往企劃的方向推進。在過程中，有時候我也會產生新的觀點和創意，也就是說，他們在我沒有意識下，把空間給塞進來了。

我想年輕的編輯恐怕跟我開完會之後，四點還有另一個會議。時間的安排很有效率，一天可以完成好幾項工作，這種工作推進方式就是三十及四十多歲工作者的方式。但是對五十世代的編輯，他們在三點以後一定不會再排重要的工作，「今天只有排跟枡野先生開會」。在見面前幾天已經看過好幾本我的書，以最從容的心情來開會。這是五十世代的人才會有的時間使用方式。

不只是自己的生活，工作上也能夠分出輕重緩急，不會莽撞地往前衝，而是會保留停下來思考的時間。在暫停的時間中，會產生以往沒有的創意。從這一點來看，跟五十世代的人工作更有趣。

即使想跟年輕人一樣運用時間也很困難，沒有體力加班好幾個小時。雖然可以同時處理好幾項工作，但最好不要這樣，目標應該是放在「年輕時，絕對無法做的工作」上。

31

看待工作的態度，該和年輕時不同了

只要在公司工作，經常會被問到性價比。像是：如何有效率地提高績效？如何為公司帶來獲利？這是理所當然的事。

以個人生活來說，四十多歲時總是先追求富足。為了家人要蓋大房子、想要新車、想要讓孩子上大學，都是著眼於有形的欲望。這也是沒有辦法的事，因為這些事在這個時期中很重要。

但是過了五十歲之後，必須稍微改變觀點。工作雖然可以講求性價比，但是不可以因此限制人生。對人生而言最重要的是什麼？不是物質也不是金錢。物質與金錢可以帶來一定程度的幸福，但是真正的幸福卻不在此。當然不是要大家捨去一切的物質欲望，而是在心中要有另一個幸福的標準。

「同事升官當了董監事，而自己還是個課長。」如果只以公司內部情況當成標準，當然會一味羨慕同事。任何人在忌妒的情緒中都不會感到幸福。

的確以公司的標準來看，同事是值得羨慕。但是如果脫離公司的標準，就沒有什麼值得羨慕了。**要有信念去肯定自己的幸福，才不會老是想跟別人比較。**

事實上，公司對五十歲以上的員工要求，不正是如此嗎？各家企業有不同理念，是創業初始就重視的部分。經營者雖然想要傳達理念給年輕的員工，卻很難達到效果。即使理智上了解，但每天被工作追著跑，要去回想理念實在很難。在回想理念之前，必須要先提升績效。對於第一線的人，內心真實的聲音是「這不是談理念的時候」。

但是五十歲過後，在對工作尚有餘裕的情況下，會開始回想最初的理念。看待工作時，不會只在意性價比，而會思考對公司好的作法。不會將全部的精力都放在工作績效上，而是將一半目光轉向公司的存在意義。

也就是說在公司裡，能同時思考利益及理念，並讓兩者並存的，就是五十歲以上的員工。

看待工作的態度，會隨年齡而改變

有些人即使過了五十歲，仍然跟三十或四十多歲的後輩站在相同位置，用相同的觀點看事情，用字遣詞也一樣。模仿年輕人的流行語、認為融入年輕人是必要手段，這只不過是迎合罷了。

自己在三十歲時看到的社會光景，和五十歲看到的自然不同。即使看的是同一個社會，但看到的光景不同也是理所當然，這就是成長。儘管如此，卻還試圖想要以過往的觀點來看待事物，這不是等同大肆宣傳自己沒有成長嗎？

僧侶的世界也一樣。弟子會一直尊敬師父，是因為師父會從自己看不到的角度來提點。師父和弟子之間的禪問答，對於弟子的提問，師父總是能從新的觀點與宏觀的角度來提點，正因為如此，才能產生新的領悟。

如果師父站在和弟子相同的位置進行提問，那追隨師父就失去意義了。所以師父必須總是站在制高點思考，堅持弟子沒有的核心準則，日積月累的鑽研累積。這才是為人師表者的職責。

在公司也一樣。

過了五十歲之後，必須努力讓自己成為師父。性價比很重要，但並不是工作的全部，這必須是一份追求人生幸福的工作。那麼幸福在哪裡？這是五十歲後需要開始思考的事。

部屬詢問：「工作的幸福是什麼？」主管回答：「當然是升官，然後領很多薪水。」部屬一定不是想要聽到這樣的回覆，他想知道的是更本質的答案。要回答這個問題，你需要先有準備，五十歲正是這樣的時期。

「工作的幸福是什麼？對人生來說，工作是什麼？」對於這樣的問題，你有答案嗎？你有持續好好思考嗎？

32

不要成為「冗員」

日文有所謂的「行李社員」說法。我第一次接觸到這個名詞，是聽本書的責任編輯提起。指的是那些年過半百，已經完全不在晉升名單之列，也離開第一線工作，在公司內沒有存在感的人。

沒有利益產出，但是薪水卻很高，窩在公司等退休，這種員工稱為「冗員」。

為公司打拚幾十年，結果卻被冠上這種稱號，心情會有多失落。

我對公司的生態不是很了解，但能升官加爵的人，某種意義上來說，應該是很有手腕的人。

當然手腕好的人，結果應該是要反映在考績上。但是，這種人很多都是以自我為中心，相較於指導後輩或部屬，更多時候只是想展現自己的能力，也就是比別人更有企圖心。

當然，也是有比較沒有手腕的人。他們把自己的工作放一旁，先幫忙後輩，或是為其他同事加班。工作的成果被別人收割，自己的考績反而比較低。太會照顧他人，不知不覺把自己的事情都耽誤了，這樣的人被稱為「好人」。

公司只需要工作能力強的人嗎？會照顧大家的好人不需要嗎？我並不這麼認為。組織中有各種職責分擔，不可能所有人都當部長，如果真的如此，就失去組織的意義及功能。可是現今社會似乎只想要有手腕的人，成果主義已完全滲透，我認為這是受到歐美文化的影響。

過去日本社會非常重視「和」。工作上不是每個人恣意妄為，而是靠團體合作之力。團隊中有人工作速度快，也有人慢，有優秀的人也有平庸之輩，即便如此，也不會把工作能力差的人趕出團隊。的確，就算工作上手腳比較慢，但必然有其他的優點，其周邊的人會想辦法發掘這份能力。

團隊中看似不中用的人，會被揶揄為「晝行燈」。意即在明亮的白天行走時不需要燈光，比喻沒用的人。

但是，工作不只有明亮的白天，有順利的時候，也有在黑暗中徬徨的時候。當工作不順、團隊士氣低落時，這些意想不到的人能緩和氣氛，讓大家再次振奮。這就是「晝行燈」同仁扮演的角色。

禪語云「夏爐冬扇」，意思是夏天的火爐與冬天的扇子，兩者都是當季不需要的東西，但是它們派得上用場的季節總會來到，並不是永遠沒有作用。現在不需要，總有一天可能需要。

人也一樣，世界上不存在不需要的人，所有人都一定有用途。我認為認真思考這件事，就是「和」的精神。

傳承經驗，是前輩的價值

如果公司有被稱為「冗員」的人，請先思考原因。自怨自艾認為「反正我已經到此為止了」、「從今以後我就是等退休，只要到公司隨便露個臉就好」，不相信自己還有任何可能性，若是抱持這種態度，被稱為「冗員」也只是剛好而已。

請隨時問自己「有什麼事可以做」？在公司裡應該做什麼？在資訊化飛躍的年代，工作方式會產生劇烈的變化。的確，過了五十歲後，很難記得新設備的使用方式。既然如此，就不要勉強自己去做跟年輕人一樣的事。

請將自己過去的經驗傳承給年輕人，不只是技能，還有工作的態度。這些對後輩來說，絕對有幫助。

例如，五十世代的父母親那一輩，都是自己動手做玩具，像是撿拾枯木樹枝、自製小船或小汽車。後來演變成塑膠模組，只要把所有的塑膠零件組裝起來，就可以做出漂亮的小船。而最近的年輕一輩，連組裝都不做了，已經是直接購買成品的時代。今昔相比，完成度完全無法相較。

可別用「我那個時代是自己動手組裝喔」來強行施壓，而是要告訴他們組裝的樂趣。不要傳授技巧，而是教他們手做的趣味，這個道理也適用於工作。

傳授過去的方法已經過時了，現在有效率更高的作法。但是過去的方法中，一定隱含著通用於現代的技巧。

就算工作的品質或方法改變，本質也不會變。對工作的熱情及想法，在任何時代都是共通的。對後輩傳達這份用心，是五十歲以上員工的職責。

不要讓別人說你是「冗員」，也不要讓自己淪落至此。為此，你要盡心做好該做的事。我相信三十年來累積的經驗，絕對不會在一瞬間消失。

33

不只考量當下的得失，把眼光放遠

有句禪語「巖谷栽松」，如同字面上的意思，是「在布滿岩石的深谷裡栽種松樹」。在沒有土壤的岩石區種松樹，很難成長茁壯。某種意義上來說也是無效的行為。

但是如果大家都認為這件事情沒有意義，便一棵樹苗都不種，那永遠不會有松樹成長，日後這片土地仍然是荒地。

在岩石區種植樹苗，恐怕在自己有生之年也看不到樹木成長，但當事人並沒有因此而放棄，將種樹傳承到下一個世代。這麼一來，經過幾代之後，小松樹一定會開始茁壯，終將變成樹林，讓土地變得豐饒。這句禪語是要我們相信未來，思考自己現在該做什麼。

五十歲過後，很多人在公司都已經位居需要肩負責任的位置。以往只要遵從上司的指令做事即可，但如今換成是自己要下指令。該往哪裡走？該用什麼方法？需要判斷的狀況會愈來愈多。

要採行A方案還是B方案？想找人討論，但身邊都沒有人。尤其是經營者，最終只能自己找到答案。

不管選擇哪一個，一定都會有反對的意見。若自己選擇的路走得不順，也會有責任問題。因此很多人只看到眼前的利弊得失，被成敗牽著走，進而匆忙下結論，我認為改變這種心態是首要之務。

不要只考量當下的得失，要把眼光放遠。例如現在做了決定，但這只是適合現在的正確選擇，十年後、二十年後再回頭看，可能就是錯的。

的確，社會大環境經常在變化，很多人認為現在的決斷不同於十年之後也很正常。但是這並不正確。「不景氣所以無計可施」、「考量現在的社會狀況，做出這樣的結論也是莫可奈何」，這樣說只不過是藉口。禪宗認為不論時代如何變遷，不論經濟狀況有何變化，都只會有一個真正應該的選擇。

這段話看起來有點抽象，那就以工作中需要做判斷為例。這個時候要以什麼為基準來判斷？四十歲的人應該是以公司利益為優先，再來是自己的前途或得失，這也是很重要的衡量標準。

但是五十歲過後，我認為應該致力於具前瞻性和宏觀的判斷。現在的A案對部屬很好，應該也能幫公司賺錢，不過二十年後再回頭看這件事，會這樣做選擇嗎？或許現在會比較辛苦，但是選擇B案對部屬和公司都會有益。現在可能會覺得是浪費力氣的工作，但是對公司和社會都是不可或缺。不要被眼前所束縛，要看未來做判斷。這正是五十歲後，被要求擔負的職責。

開始以大局為重，不再只想著自己

你的所作所為要和以往不同，必須以大局為重，為此，你應該有自己的信念，作為判斷事物的準則。換句話說也可以說是哲學，自己想要以此哲學生存。如果和個人哲學不相符，即使會導致損失也不會去做。因為一時的得失而去行動，會將人生導向錯誤的方向。

自己該如何生存？若想培養出個人哲學，很多經營者都會學習禪學。蘋果創辦人賈伯斯就是如此，他做決策時會同時考量未來。即使被大家說是獨裁者，他也不會對自己的哲學妥協。不拘泥於眼前的利益，而不斷叩問蘋果公司存在的價值，及未來能對社會做出的貢獻。正因為有這麼強力的哲學作為後盾，才能有現在的成功。

不只是工作，所有事情都應該將「未來」列入考量。生而為人，總有一天會死去。如果所有人都抱持著死後發生什麼事都無所謂，那就沒有未來了。

即使自己不在人世，這個世界仍然持續運轉，正因為如此，要留給後世有用的智慧。這些想法能夠被傳承，禪的世界才會得以延續。請想想自己的孩子、孫子，以及他們的孫子，為了不可能謀面的後世人們能夠幸福，請種下代表希望的樹苗吧！

Chapter

6

學習面對後悔與不安

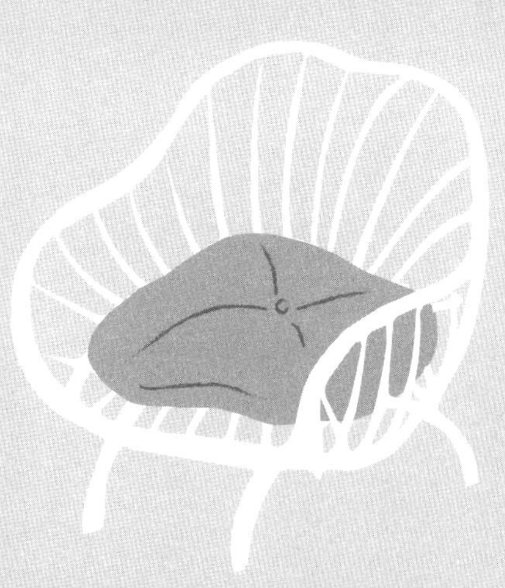

34

如何面對不安？

任何人都是懷抱著對未來的莫名不安過活。說不出具體的事情，但總是覺得不安。被裁員怎麼辦？貸款還不出來怎麼辦？存不到養老金怎麼辦？愈是思考，不安感就像滾雪球一樣愈來愈大。

在二十、三十多歲時，會有著「總會有辦法」的心情。即使有著跟五十世代者相同的不安，也會毫無理由的樂觀思考，這是因為還年輕所致。

反過來說，這也是一種自信。如果被裁員，因為還年輕所以應該可以找到下一份工作，沒有存款，再兼做其他工作就好。因為對體力有自信，所以精神上也很有餘裕。

但是過了五十歲，就很難有相同的想法，無法產生「總會有辦法」的正面思考，因為「總是沒辦法」。對於所有的事情都會消極思考，最終匯聚成巨大的不安感。

不論是二十歲或五十歲時，我認為都一樣。不會因為是二十歲所以不愁工作，也不會因為是五十歲，就完全沒機會二度就業，這完全取決於個人差異。以現實來說，二十歲和五十歲完全一樣，然而年輕時卻沒有那麼不安。也就是說，不安其實是心態問題。

伴隨不安感而來的是「執著」。已經到手的東西不想放掉、不想破壞目前的生活、想要一直待在現在的公司，這些全部都會讓人產生執著。要能放開這份執著，才能從莫名的不安中解放。

舉例來說，買房子時辦了貸款，但因為公司業績不好，導致年終獎金變少，再這樣下去貸款會還不出來。如果落到這步田地，就得放棄好不容易買到的房子。萬一事態發展至此怎麼辦？心裡充斥著不安。

貸款付不出來，放棄房子就解決了。全家搬到狹小的租屋處，等收入增加後再買房子就好。放棄房子不會要你的命。只要全家人都平安健康，有沒有房子都沒關係。**執著於有形的物品，就會產生不必要的不安感。**

戰勝不安的方法就是「努力活在當下」

「本來無一物」是很有名的禪語。每個人生來都沒有帶任何的東西，是以無一物的狀態降臨在世上，同樣的，離開人世時也帶不走任何東西，再度回到無一物的狀態。這是佛教的基本思想。

失去工作、放棄房子，自己一無所有，一切歸零。這的確是很痛苦的事，但是只要你還活著，就一定要往前走。

歸零只不過是回到出生時的狀態，再重新開始就好。與其執著於失去的東西不斷嘆息，還不如把焦點轉向「今後能獲得什麼」。我想「總會有辦法」這句話，也是包含了這一層的意思。擁有「總之去做些什麼」的心態，對過往的執著心就會消失無蹤。

此外，不安並非存在於過去或現在，而是經常存在於未來中。

例如對某件事感到不安，當不安實現的那一刻，不安感反而就消失了。也就是說，當不安實際出現在眼前，人會拚命地去對抗，當下也無暇感受到不安，只會拚命跟現況戰鬥。請相信人類具備戰鬥的能力。

即使對未來感到不安，請相信若真的走到這一步，自己就會具有戰鬥的實力。

但是為了不讓不安成為現實，也不能疏於努力。被裁員了怎麼辦？假設你有這樣的不安，應該會心神不寧。但是害怕還沒發生的事情也無計可施，只要勤懇工作，一定會有成效。

不要害怕未來被裁員，而要把精神集中於現在的工作。該做的事好好做，不要去思考多餘的事，只管努力就好。「車到山前必有路，船到橋頭自然直」、「我這麼努力，相信沒人敢裁員我」，每天抱持著這種心態過活。

不要拘泥於過去，不要對未來不安，請努力活在當下。這樣的人才公司不會想放手，公司不需要的，是對現在的工作不上心，且對還沒發生的事害怕膽小的員工。

若想戰勝莫名的不安，就是不要只是想，而要實際行動。全心投入工作的人，不安感是不會趁虛而入的。

35

曖昧的智慧

是好的還是壞的？是正確的還是錯誤的？喜歡還是討厭？在禪學裡並沒有二選一的思考模式。善中必然有惡，即便你確信是正確的，或許也有錯誤的部分。不可能會有全部都喜歡的狀況，而實際上反對也不是全部都討厭。

事物皆有一體兩面，要具備柔軟的心接受兩者，這才是人生的智慧。

歐美文化在看待事物上，非黑即白。像美國是個民族大熔爐，文化基礎不同，價值觀和習慣也各異。這些人想要和平共處，某個程度上要讓事物一清二楚，隨時要明確界定對錯，總而言之，是個沒有是非準則就無法運作的社會。

從歐美社會的角度來看，日本人非常曖昧。不會明講自己的意見，也沒有自我主張，都交給別人決定，總是在曖昧的態度中解決事情。但是我認為這種曖昧才是日本人的人生智慧。

以宗教的世界來看，自古以來日本是神道教，有八百萬的神祇，而象徵性的代表就是神社。之後自中國傳入佛教，上述事件如果發生在歐美，為了保護自古以來的神道教，歐美人一定會阻止佛教傳入，甚至發動宗教戰爭。

但是，日本人則是費盡心思找到避免爭端的方法。要怎麼做才能讓自古以來的神道教與新傳入的佛教共存？思考出來的方法就是「本地垂迹說」（譯註：謂佛菩薩為救度眾生，由自己之實身變化諸多分身，垂世以度化眾生；實身為本地，分身為垂迹）。

這就是為什麼會有「佛教中的佛，在日本是以神道教的神出現」的解釋出現。最具代表性的就是「權現樣」。所謂的「權現樣」，就是佛化身成神，在迫不得已的狀況下，最終創造出如此曖昧的存在，但也因為「權現樣」的關係，讓雙方不會產生爭端。

實際上在明治時代以前，神社和寺廟是共存的。例如非常知名的箱根權現，就和箱根神社附近的寺廟共存。或是在日光，東照宮和輪王寺就是共存的寺廟。此外，也有以「神功寺」命名的寺院。

這就是「神」與「佛」共存的最佳證據。自己相信哪一個宗教？屬於哪一個宗派？並不是以此區分，只要心中有「權現樣」就好。

排擠不同宗教信仰的人、與之敵對，根本是本末倒置。因為曖昧，所以避免了不必要的衝突，這就是日本人的智慧。

那麼，佛教故事大概就講到這裡。我們來想想曖昧這件事。

的確，在工作進行上，很多事情無法曖昧不清，一定要做選擇。沒有下決定，工作也無法推展，這時候只要依照適切的標準去決定即可。但是其中也有些事，當下沒有結論也沒關係，如果勉強下結論，反而會不順利。尤其是陷入僵局的工作，暫時放一邊比較好。在這段期間，周圍的狀況會改變，說不定自己的想法也會改變。

等待決定的「時機」，也算是重大的決斷，能持有這種想法的，非五十世代莫屬。

沒有決定，不一定是壞事

以人際關係來說，最需要刻意先不下結論，保持曖昧狀態。人與人之間的關係無法用量尺測量，也無法用顏色去區分，應該是說不能區分。

每個人都會有好惡，有些人就是相處得來，有些人就是處不來，沒什麼特別的理由。但是不用把心裡的好惡清楚表達出來，如果對不喜歡的人直接說「我討厭你」，當場就會破壞和對方的關係。當然，也有人原本就是想要斷絕關係，但是我勸你不要刻意去切斷彼此的緣分。在彼此都不對盤的狀況下，自然而然就會疏遠。在此之前，先保持模糊空間，是避免人際關係摩擦的智慧。

會這麼說的原因在於，或許你有機會跟討厭的人一起共事，但是後來意外發現他也有好的部分。這時，或許因為先前的曖昧，在和對方相處時就不會有壓力。

過了五十歲，就不會再以好惡得失的態度來看待人際關係。對於部屬和後輩，情感上必然也會有好惡。有的部屬很優秀，有的很糟，但是不要單純的去比較區別，而是要看他們的優點。

優秀的部屬和平庸的部屬並不是絕對的兩極化。追根究柢，其實沒有那麼大的差異。優秀的部屬有缺點，平庸的部屬也有很多優點。去除有色的眼鏡，仔細去觀察每個人，這種態度才能培養「品德」。

所謂的人際關係本身就很曖昧。人心經常會變，昨天的自己和今天的自己也會有少許的變化，當然對方也是。有時候連自己都不了解自己的本心，也就是說，人心本來就是很曖昧不清的東西。在這種曖昧情況下，也不需要明確的答案或結論，甚至也不用特別下結論。保有這種心態很重要。

曖昧和隨便是兩回事，也和優柔寡斷大相逕庭。「曖昧」是讓人生更輕鬆的智慧。當你擁有這個智慧後，五十歲以後的人生會就此改變。

36

陪伴父母要趁早

自己年過半百，而雙親也健在，這是何等幸福的事。年紀漸長，身體多少會有病痛，無論如何，只要還能見面就要多珍惜。即使現在還很健康，但衰老確實在逼近中。今年夏天還元氣十足，明年春天會怎樣誰也不知道。因此，在雙親還健在的時候，要沒有遺憾的盡孝。

很多人因為就職或求學的緣故離鄉背井，其實只要回老家就可以看到父母，但卻鮮有機會回家探望。在忙於工作和育兒之際，也難得有機會返鄉，雖然是情有可原，但還是要盡可能找機會看望父母。

對於父母親來說，孩子不管多大都還是孩子。即使孩子已經五十歲，關愛之情仍不會改變。總是擔心孩子，遠遠的為他們祈福。自己腿腳不靈活，也還是拚命想照顧孩子。知道孩子要回家，前一天就會去採買，還會做一桌的好菜。雖然孩子回家後大多悶不吭聲，問什麼回答都是含糊其辭，但是光看到他的臉就覺得足夠。這就是天下父母心。

有時候出差洽公，偶然經過老家附近，其實只要稍微繞路就可以回家，但還是以工作太忙為由，沒有回去。漸漸地就覺得很麻煩，這種狀況應該很多。

想著「應該下次還有機會」，就沒有順道回家。這個「下次還有機會」，有可能是好幾年以後的事。「應該會再見面」，有可能是見父母最後一面。這個時候就不免後悔莫及，「那個時候有回去就好了」、「稍微繞點路也應該回去看老媽」，心裡不斷這麼想而悔恨不已。

對過世的雙親感到後悔，是很多人都有過的心情，「那個時候如果態度好一點就好了」、「那個時候不要說得那麼過分就好了」。每每想起這些悔恨，就會浮現父母的笑臉。不管孩子如何叛逆，有多任性，父母永遠都愛著我們。在這些回憶面前，孩子們會感到很後悔。

沒有人完全沒有遺憾。大家對雙親或多或少都有後悔之意，這也是無可奈何。我知道有些人一直遺憾沒有對父母說「謝謝」，旁人看起來或許覺得不是什麼大事，但是對當事者來說，卻像刺一般一輩子扎在心頭。

正因為如此，至少要減少自己後悔的機會。父母親並不奢望要花大錢的孝順，例如帶他們出國玩、買高價的禮物等。其實，只要讓他們看到孩子健康的模樣，就是最好的禮物。

在還能見到雙親時，要多表達愛意

過了五十歲，時間上比較有餘裕，出差繞遠路也被默許。此時育兒也告一段落，應該有時間放假了。全家人一起返鄉比較花錢，一個人回去會少很多。因此，千萬不要用旅費太貴這種理由不回老家，為了省旅費，很可能釀成重大的悔恨。

當雙親離世，有再多錢都無法再見一面。

某個經營者寫了關於懷念母親的小故事。他因為求學的關係來到大城市，自己創業開了公司，事業很成功，經濟上也變寬裕了，可以給媽媽很豐厚的孝親費。某天事業有成的他，讓司機開車載他回老家。雖然只停留短短一小時，母親馬上做了他愛吃的燉菜。母親親手做的家常菜，比任何高級料理都美味。

看到兒子趕著要回去，媽媽還特地跑過來塞了一張皺巴巴的千圓鈔票給兒子，並告訴他：「自己買點好吃的。」把兒子當高中生一樣，這就是媽媽的愛。

半年後母親離世。母親過世後，他一直把媽媽塞給自己的那張千圓鈔票，慎重地收在錢包裡。每次看到那張鈔票，他就感到後悔，「那個時候應該把工作排開，直接住一晚才對。」

後來在母親的佛桌抽屜裡，他找到一本存摺。母親以兒子的名義，將所收到的孝親費全部都存起來，這就是母親的愛。這份愛不管時代如何改變，都不會動搖。**如果想回報雙親的愛，就是在還能見到他們的時候，真誠表達感謝之心。**

37

想葬在哪裡，你想好了嗎？

五十歲開始要考量墓地事宜，這麼說往往會讓人覺得為時尚早，太過不吉利。但我認為這是五十歲後，不得不先思考的問題。

關於墓地，狀況也一直在改變。以前，幾乎所有人都是葬在家族的墳墓裡，長男夫婦進祖墳，次男和三男有的會在祖墳旁邊再建新墓。這麼一來，家族的每個人都可以守護墓地。去父母的墓地掃墓時，也可以順便幫旁邊親戚的墳墓供花，讓他們在中元節、春分時不會沒人上香。

近年來，沒人掃墓的墳墓愈來愈多。有的墳墓打掃乾淨，還供上大量鮮花，有的卻默默荒廢。那幅光景非常寂寥，讓人心痛。

沒有人可以維護墳墓的理由有幾個，其一是年事已高，無法自己去掃墓。即使想要央求孩子們處理，也因為住得太遠，沒辦法特地要他們趕回來。有些人則是因為根本沒有孩子。另外，如果終生未婚，即使進了墳墓也沒有可以供花的人。雖然嘴上說身後事沒關係，但不免還是會有種落寞的心情。

你已準備好墓地了嗎？這是非常重要的問題。祖墳在故鄉，但是已經幾乎沒有親人在那邊，後續無人可以維護。如果是這種狀況，應該趁早計畫遷墓。

況且，最近不想要合葬的夫婦愈來愈多。本來計畫夫婦一起合葬就好，但是太太卻表示想要跟自己的父母葬在一起。我想這種心願應該被尊重。以現實狀況而言，一定有人不想要跟公婆葬在同一個墳墓。死了還要跟公婆在一起，光想到這一點就覺得憂鬱。帶著這樣的心情生活，日子有多難過。

如上所述，墓地相關事宜愈來愈複雜，各方都有不同想法。你想要怎麼做呢？想要葬在鄉下的祖墳嗎？還是蓋一個只有夫婦兩人的新墳？死後夫婦分開葬可以嗎？一點點也好，可以慢慢開始思考這些事情。

這種事情等退休後再慢慢聊就好，幾乎所有的人都曾這樣想。但是，若等到六十或七十歲才來思考這個問題就太遲了。年紀大了後，彼此都會變得頑固，雙方都各持己見，原本可以解決的問題變得難以解決，結果就是放棄溝通，任其自然發展。如果一切順利還好，但大部分的結果都是不太圓滿。太太大聲宣告「我才不要跟你葬在一起」，先生情緒化地回應「我才不允許」，這種夫婦我看過好幾對。

趁還能客觀做決定的五十多歲時期，先解決墓地及合葬問題。待六十歲過後再有實際行動也沒關係，但是建議要先拍遺照。

先想好身後事，反而能不留遺憾的活

我還有一個建議，那就是生前要先取戒名（編按：也稱法名，即僧人使用的名字）。很多人都深信戒名是過世後才取，實際上在江戶時代後半期，生前取戒名已經很普遍。現在有些地區也會這麼做，並不特別。

仔細想想，死後才取戒名自己根本看不見。更何況，最近都是平常沒有往來的僧侶來取名，家人看了之後也感受不到親人和戒名之間的關聯。戒名會刻在墓碑上長時間留存，幾百年後子孫看到戒名，可以想像祖先生前風骨，可以說是一個人一生的象徵。

我一年會收到幾個要取生前戒名的請託。那個時候時間還很寬裕，會好好地詢問對方的人生歷程。像是做過什麼工作？對社會有什麼貢獻？是怎樣的一個人？以我對個人的理解，思考出兩個戒名。如果只有取一個，可能會像是教條戒律，對於僧侶所提出的戒名會不好意思拒絕，所以我會想兩個戒名供對方選擇。

在請我取生前戒名的人當中，有一位五十多歲的先生。他在工作上還活躍於第一線，相當健康有活力。雖然他不是對宗教非常虔誠的人，但也明確準備好將來的墓地，而且還取了生前戒名。

那位先生這樣跟我說：「這下子就安心了。接下來的人生我可以隨心所欲地生活。」

沒錯，這位男性並不是以死亡為前提預做準備，也完全不認為自己會死。他是以日後人生能活得更精采為前提來做這些事。

思考自己的墓地，看起來是在思考身後事，但實際上是為了讓人生更豐富，未來能積極生活。

38

讓寺廟成為結緣之地

距今幾年前，我在擔任住持的建功寺建了永代供養墓。如果我過世後沒有人可以維護墳墓，寺內的僧侶會代為永久供奉。只要寺廟還在，永代供養墓就會一直持續。

我們並沒有積極宣傳永代供養墓，來詢問的通常是因為口碑或是有興趣。也有夫婦一起來參觀洽詢，因為沒有子嗣，祖墳又太遠，所以想說兩個人乾脆都使用永代供養墓。

不過，來詢問的人中，以孤家寡人最多。五十多歲仍然是單身，因為是獨生子，雙親過世之後，三個人想要使用永代供養墓。也有雖然結過婚但是已經離婚，或是年紀輕輕就喪偶的人。

不管是哪一種人，都是擔心自己身後事所以來洽詢。

看到他們，我一直在思考自己還能做些什麼。不單純只是永代供養，還要讓大家活得有朝氣，這才是寺廟的功用。

而我想到的是透過寺廟來結緣。來洽詢永代供養墓者，大多是一個人，但是有很多人處境類似，有相同的煩惱，也有著同樣的不安。我一直在想，是否能讓這些人互相結緣呢？

對於墓地的煩惱和不安，很難在外面公開談論。因為太過私人，跟同事討論也會有所顧忌。有的人可能連對雙親、兄弟姊妹都很難開口。如果是在寺廟中遇到有相同處境的人，說不定就能坦率地交換意見。透過分享煩惱，或許心中的大石頭就能放下。

寺廟這個場所，有著不同於一般社會的氛圍。一旦踏入寺廟範圍，社會地位、利弊得失都不復存在。在這裡，每個人都可以脫去在社會生活時所穿的鎧甲，以純粹的個人來相處。在這樣的環境中，或許會產生新的緣分。

我現在就在思考，是否能在這方面幫上忙。例如舉辦一場「緣之會」，讓來看永代供養墓的人們能自主性地聚會，大家坦誠以對，互相吐露心中的煩惱。藉由墓地結緣，發展成興趣同好會也無妨，或許還能藉此找到一生的夥伴。「緣之會」也可以是「宴會」，大家喝點小酒，或許能發展出現實生活中難以建立的人際關係。

其實，以往寺廟也是結緣的地方。生活在當地的人們都會聚集在寺廟，孩子們在寺廟境內玩到太陽下山才回家。有時候僧侶還會教小朋友唸書，這就是「寺院小學」。

工作結束後男人聚在一起，熱鬧地喝酒；農家帶來自己栽種的作物交換或是分送；有煩惱就找僧侶諮詢；發生災害時就先到寺廟避難，只要去寺裡，就會有熱騰騰的食物，在榻榻米上，大家依偎在一起睡。寺廟永遠都是能讓地區民眾安心的場所，應該說是村落中結緣的中心。

不過，最近寺廟變得高不可攀，如果不是信徒，很難進入寺內。頂多是元旦去參拜，和僧侶說話也只有在辦葬禮的時候。寺廟漸漸地遠離生活，這種情況對僧侶們來說也很失落。

我很希望寺廟能再一次扎根於地區社會中，基於這樣的想法，我考慮要舉辦「緣之會」。

來看永代供養墓的人、參加坐禪會的人、不經意到訪寺廟的人，這些人之間必然有溫暖的緣分。我希望能在溫暖守護這些緣分的同時，也慢慢地培養新緣分。我建立永代供養墓的真正意義，說不定就在這裡。

39

陪伴父母走完最後一程

目前日本有九五%的人都是在醫院裡過世。

古早以前，通常都是在家人的守護下，在家裡嚥下最後一口氣，而且每個人都希望如此。在熟悉的自家房間，有子孫的照顧，將最愛的家人臉龐記在心中，感受雙手被緊握的溫暖後，踏上另一段旅程。即使是因為病痛而死，最後仍是感到幸福。

但是，現在這個臨終願望卻很難實現。孩子們都離鄉背井，就算想要照顧雙親，也因為房子太小而不便。基於這些現實的理由，很多長者都被安置在醫院或安養院。

雖然將雙親安置在醫院比較安心，但無法想見面就見面。深夜不能會面，早上上班前也看不到，放在安養院也是一樣。基於上述理由，自然而然就會減少探望的次數，總是想著「下星期天再去」。

年輕的時候，一星期轉眼間就過去，忙碌時，時間過得特別快，一星期後的感覺就像隔天一樣。但是，對於等待孩子來探望的雙親來說，時間卻像永遠一樣漫長。

若是住在家裡，每天可以感受到孩子回家的動靜，即使沒有講到話，光是聽到「嗯，已經回到家了」，也能夠安心睡覺。最後在家中壽終正寢，也是想要感受家裡的動靜再踏上旅程。

孩子因為各種理由無法在家照顧雙親，這也是莫可奈何，但至少在父母臨終前要陪在身邊。握著雙親漸漸虛弱的手，讓他們感受到滿滿的溫暖。在意識漸漸朦朧之際，希望你能對他們說聲「謝謝」。雖然醫生說「已經失去意識」，但是我相信雙親一定能聽見孩子們的聲音，感謝的心意必然能被傳達。

在雙親臨終時，孩子才會真實感受到死亡。

雖然理智上知道人百分之百會死，但總是沒有真實感。五十歲過後雖然大小毛病不斷，但從來沒有聯想到「死」這件事，在目睹雙親嚥下最後一口氣後，才開始懂得面對自己的死亡，會開始想著「下一個就輪到我了」。

死亡變得更加真實，這並不是什麼會讓人害怕的事。這種真實感並不是要人恐懼，**實際感受死亡才能強化生存的意識**。

看見死亡，才能向死而生

「你最後也會這樣離開」——這是過世的雙親告訴我們的真理。下一個就輪到自己了，正因為如此，要珍視現在的人生，每天都要好好生活。對被賦予的人生抱持著感恩的心，每天都拚命地活，這才是雙親留給孩子最後也是最棒的訊息。

的確，在家看護雙親很辛苦。更何況是失智症之類的疾病，不管如何盡心盡力都是徒然，一句「謝謝」也聽不到。即便是自己的至親，也會感到身心俱疲。不過，我認為這也是有意義的。不管父母的失智症多嚴重，變得什麼都不懂，但活著必然有其意義。透過展露自己變得面目全非的樣子，試圖向孩子傳達某些事情。

身邊的人都說：「罹患失智症後，會什麼都不知道。」但真的是如此嗎？的確有時候記憶已經失去，也沒有理解力，但是所謂的「認知」不僅僅是如此而已，人不是光靠理智生存。

不管腦袋如何痴呆，心靈是不痴呆的。忘了孩子在做什麼工作，連長相都不記得，這也是一種現實。但是，父母絕對不會忘記孩子手心的溫暖，小時候緊緊握著孩子小手的那股溫暖。我深信那不是記在腦袋裡，而是記在心裡。

我還相信另一件事，那就是不管有什麼病痛折磨，在死亡的那一刻必然迎來平靜。失智症再嚴重，但在臨終之際，所有的回憶都會復甦，宛如走馬燈一樣，回想起以往的快樂人生，也可以清楚看見孩子的臉。這是佛菩薩在死亡瞬間給予的餽贈。

請好好照顧雙親。這不是為了雙親而做，也是為了讓你將來的人生可以繼續往前走。

40

什麼是幸福？

經過戰後高度經濟成長，日本人的生活在物質上逐漸豐富。於是開始被便利且昂貴的物品吸引，不斷努力追求，希望透過擁有它們來實現幸福。然而，歐美則是成果主義當道，要有成果才感受得到活著的意義。

到底要擁有多少東西，我們才會感到滿足？要有多少錢才會感到幸福？被欲望支配的人心是沒有界限的。由於被永無止境的欲望所束縛，因此相信只有滿足這一切才能獲得幸福。你必須要察覺，這會是多麼虛幻且不幸的根源。

五十歲過後，至少要逃離如同上述的空虛幸福觀。一直以來被有錢就會美滿、功成名就就會快樂的想法所綑綁，對自己說追求這一切才是幸福。現在，請停下來好好想一想。真的有錢就會幸福嗎？功成名就就幸福了嗎？

有些人會認為，金錢是幸福的證明，我沒有要否定這種人。我也沒有要否定，認為功成名就是人生意義的人。因為我認為，相信自己的幸福才是真正的幸福。

跟別人怎麼想無關。更進一步說，他人和我是不同的個體，當然幸福觀也會不一樣。也就是說，我不會去跟別人比較。

在談論幸福時，總是不知不覺拿自己和別人比較。自己的薪水比較高，所以比那個人幸福；自己比較早晉升為部長，所以比那個人幸福。不斷更換手邊的東西，試圖想要訂出幸福的標準。

但是，幸福沒有所謂的標準，如果有，也是在你自己心中。只要自己覺得幸福，不管別人怎麼想，那就是真正的幸福。這麼理所當然的事情，在欲望的汪洋大海面前，我們都忘了這一點，這正是現代社會的危機。

不要被他人的幸福觀影響。不斷和他人比較，會失去自己的幸福。五十歲後，建議要找到這樣的生活方式。

不把「不幸」掛嘴邊，才能感受幸福

有時候會有人問我：「該怎麼做才會變得幸福？」雖然發問的

人很認真，但真的很難回答。我會這樣回答：「變幸福最好的方法是，不要覺得自己不幸。」

如果反問對方：「為什麼你會覺得不幸？」通常會得到「因為沒有錢」、「因為找不到工作」之類的答案。

的確，沒有錢很麻煩，找不到工作也很頭痛。但這就是不幸嗎？困擾和不幸是兩回事。困擾時就要努力去解決，沒有錢就要思考該如何用自己的力量去賺錢，或是拚命找工作，這絕對不是不幸。

如果有錢就會變得幸福嗎？找到工作後就會被幸福感包圍嗎？等到那時候，你又會有其他的不滿。也就是說，總是不滿於現狀，隨時在跟別人比較的人，是把找尋不幸當成是一種興趣，我稱之為「不幸思考」。

盡早擺脫「不幸思考」，將心態切換成「幸福思考」。**不要跟**

別人比較，也不要被公司任意訂出來的標準所迷惑，自己感到幸福才最重要。

人生會發生很多事情，有好也有壞。有時候順利，有時候坎坷。每天都會有小小的不幸種子，如果把眼光都集中在上面，這才是充滿不幸的人生。相較之下，請把心力專注於每天的小幸福吧！

讓身體去體驗早上醒來時，窗戶吹進來的舒爽涼風，聽見鳥兒鳴唱的幸福。今天也很有元氣地活著，這才是人生最大的幸福。這和五十歲後的幸福感，必定有所連結。

心靈漫步

50歲後，隨心所欲的生活

捨棄、放手、不強求，這一次，你要為自己而活！

2024年10月初版　　定價：新臺幣360元
2025年2月初版第四刷

著者	枡野俊明
譯者	張佳雯
副總編輯	陳永芬
校對	陳佩伶
內文排版	綠貝殼
封面設計	Dinner

出版者	聯經出版事業股份有限公司
地址	新北市汐止區大同路一段369號1樓
叢書主編電話	(02)86925588轉5306
台北聯經書房	台北市新生南路三段94號
電話	(02)23620308
郵政劃撥	帳戶第0100559-3號
郵撥電話	(02)23620308
印刷者	文聯彩色製版印刷有限公司
總經銷	聯合發行股份有限公司
發行所	新北市新店區寶橋路235巷6弄6號2樓
電話	(02)29178022

編務總監	陳逸華
副總經理	王聰威
總經理	陳芝宇
社長	羅國俊
發行人	林載爵

行政院新聞局出版事業登記證局版臺業字第0130號

本書如有缺頁，破損，倒裝請寄回台北聯經書房更換。　ISBN 978-957-08-7469-3 (平裝)
聯經網址：www.linkingbooks.com.tw
電子信箱：linking@udngroup.com

國家圖書館出版品預行編目資料

50歲後，隨心所欲的生活：捨棄、放手、不強求，這一次，
你要為自己而活！/枡野俊明著．張佳雯譯．初版．新北市．聯經．2024年
10月．240面．14.8×21公分（心靈漫步）
譯自：50歳からは、好きに生きられる
ISBN 978-957-08-7469-3（平裝）
[2025年2月初版第四刷]

1.CST：自我實現　2.CST：生活指導　3.CST：人生哲學

177.2　　113011711